Werner Schunk

GENIE ZWISCHEN WAHN UND WITZ

Von Luther bis Freud

Impressum

Autor & Herausgeber: Prof. Dr. med. habil. Werner Schunk
Zeichnungen: Prof. Dr. med. habil. Werner Schunk
Geamtherstellung: d l m l z – Druckmedienzentrum Gotha GmbH

1. Auflage 2017

ISBN: 978-3-939182-96-2

Nach einer meiner Vorlesungen „Das Wunder Mensch –
Wie wird man ein Genie" im Rahmen eines Masterkurses
der Steinbeis – Universität über „Innovationskultur" an
der TU München, kam ein Student zu mir und erklärte
mir freudestrahlend: „Herr Professor, ich glaube, ich bin
ein Genie?" Etwas erstaunt fragte ich zurück: „Sind Sie
verrückt?" Darauf der Student: „Wieso, ist das Bedin-
gung?" „Ja", antwortete ich, „ein bisschen Verrücktsein
gehört schon dazu."

Ein Genie ist etwas Außergewöhnliches mit einem starken
„Ich", ist widersprüchlich in seinem Verhalten, weil ein
solcher Mensch mit seinen neuen, schöpferischen Ideen,
seinem Ausnahme – Charakter die Norm der Gesellschaft
überschreitet oder zumindest an ihre obere Grenze gelangt, sich die Freiheit nimmt, weil er sie für seine Ge-
dankenfülle benötigt. Er verkörpert oft die Weisheit und
Wahrheit von Generationen in sich, denkt dabei in Ge-
dankenbündeln mit seinem Lang- und Kurzzeitgedächt-
nis zugleich. „Durch seinen Eigensinn ist die Freiheit hinreichend aufgehoben (Hermann Hesse)". Eine Begabung,
ein Talent ist eine gute Voraussetzung, um mit Neugier
und Ausdauer sich einem Gegenstand der Forschung ins-
besondere der Naturwissenschaften oder der Kunst und
Kultur zu widmen. Dann aber folgen eine Unmenge an in-
tensiver Arbeit, folgen Entbehrungen und Selbstlosigkeit
und der Kampf gegen die Verständnislosigkeit der Menschen, um dem Neuen, seiner Wahrheit zum Durchbruch
zu verhelfen. Außer dem Durchhaltevermögen braucht es
einen starken Willen, Mut, immer etwas Glück. Und: Man
darf nicht vor der Pubertät sterben.

„Zu Beginn ihrer Laufbahn werden Genies immer für
Narren gehalten". Diesen Ausspruch Dostojewskis kann
man auch für das Ende formulieren. Bei Grenzüberschrei-
tungen sollte man stets die Vor- und Nachteile im Auge
haben. Aber echte Genies haben Geheimnisse, halten
kostbare Gaben für die Gesellschaft bereit und eine Ent-

wicklung, die bis ins Universum und in die Komplexität unseres Gehirns reicht.

Genie und Wahnsinn liegen oft nah beieinander. Vielleicht ist es das Verrückte, was Beiden inne wohnt, dem Wahn und dem Witz, dass gerade diese Denkweise im Grenzbereich Neues hervor bringt, wobei die Wortverbindung Wahnwitz oder Irrwitz ins Unvernünftige, ja Gefährliche weist.

Deshalb habe ich die Trennung vorgenommen und mein Büchlein genannt: „Genies – zwischen Wahn und Witz". Genies, meint man, sind oft in einem Wahn gefangen. Meist gehen sie nur ihren eigenen Ideen nach, zielgerichtet und konzentriert.

Oft gibt es aber Übergänge vom gesunden, introvertierten, nachdenklichen Menschen in nicht nachvollziehbare Wahnideen, so wie es einen schleichenden Übergang in ein chronisches Leiden gibt. Ein Mensch im Wahn hat Denkstörungen im Sinne einer falschen Überzeugung, die von anderen nicht geteilt werden können. Die Wahnidee ist die kleinste Einheit, die sich bis zur Wahnstimmung ausbreiten kann, was der Außenwelt unheimlich und bedrohlich erscheint. Es können aber auch Merkmale des Beziehungswahns, Eifersuchtswahns, Größenwahns und Verfolgungswahns mit Wahrnehmungsstörungen auftreten, die in krankhafte Zustände wie Depressionen oder Psychosen übergehen und medizinischer Behandlung bedürfen.

Dann sollte doch lieber der Witz greifen, die unerwartete Wendung eines Ereignisses, die Verführung des Geistes und die Fehlfunktion des Gehirns, verbunden mit einem Überraschungseffekt, einer Pointe, die am Ende zum Lachen reizt. Die Informationen gelangen über das Limbische System im Mittelhirn zu dem „Lachkern", den ich gern die „Herbertstraße des Gehirns" nenne, dem „Nucleus accumbens" im präfrontalen Cortex unseres Gehirns, wo alles Lustige, Humorige, Glücklich – Machende, Befrie-

4

digung und Lust-Spendende durch Abgabe der Botenstoffe (Neurotransmitter) das Glückshormon Serotonin, das Befriedigung verschaffendes Dopamin und die schmerzlindernden Endorphine, geleitet wird.

Und es gibt bei den Genies viel zum Staunen, Schmunzeln, Lachen, was andere Menschen und sie selbst glücklich macht. Ein Witz bedarf zumindest der Klugheit, Schlagfertigkeit und Treffsicherheit, was Einfallsreichtum und Kreativität und Esprit voraussetzt und oft mit der Gabe des Erzählens, Redens, Moderierens der humorigen Einfälle verbunden ist. Das Lachen nimmt die Angst, gibt Mut und Hoffnung, ist der Gesang der Seele. Hier schließt sich der Kreis wieder, weil neue, oft abwegige Ideen den Witz und Humor nähren.

Nehmen wir nicht dem Ernst die Ernsthaftigkeit und lassen dem Humor das Lachen, so erleben wir die reale Welt mit immer neuen Ideen und einer spannenden, vielfältigen Entwicklung im humanistischen Sinne. Ziel und Sinn des Lebens, ob Genie oder normal, heißen Gesundheit, Lernen und Genießen, um im Leben glücklich zu sein.

Mit diesen Gedanken wünsche ich meinen lieben Lesern viel Spaß mit dem Buch.

Mein herzlicher Dank für die Hilfe gilt Ute Rang, Helga Hoyer und Dipl.-Ing. Rainer Kuhnert.

MR Prof. Dr. med. Werner Schunk

FASZINATION GENIE

Am Anfang steht wie eh und je,
die faszinierende Idee.
Zu dieser Zeit ist Freude groß,
denn die Idee ist ganz famos.

Dann aber folgt die lange Zeit
der kräftezehrenden Tätigkeit.
Jeder sagt, das schaffst du nie,
doch siegt am Ende das Genie!

EINMAL GENIE SEIN

Wer möchte nicht Genie sein,
ein Platz im „Who's Who" der Welt?
Genialer Kopf, Ideenfinder,
zur Freude unsrer Kindeskinder.

Ich glaub', man muss verrückt sein,
Denken nur in Wissensbündeln,
dabei in die Zukunft schweifen,
das Morgen heute schon begreifen.

Nicht nur im Shuttle ganz allein
zu den fernen Sternen fliegen,
nein, auch im Team Ideen bieten,
sich leisten,
noch vor dem Nobelpreis bescheiden zu sein.

INHALT

1. Martin Luther,
der gottesfürchtige Kirchenrebell
(1483–1546)

Aus dem Leben Martin Luthers

Sie hatten Mühsal auszustehen, als ihr Sohn Martin am 10. November 1483 in Eisleben geboren wurde. Mutter Margarete buckelte Holz auf dem Rücken und der Vater Hans brachte als Bergmann für die 10 Kinder auch nicht viel zum Leben nach Hause. Kurze Zeit später bezog die Familie in Mansfeld ein Bürgerhaus und der Vater wurde zum selbstständigen Kleinunternehmer. Er wollte, dass es seinen Kindern besser geht und schickt Martin, der damals noch Luder hieß, zur Schule, die eng mit dem kirchlichen Leben verbunden war. Er ist Ministrand und singt im Chor in der St. Georg-Kirche. Mit Freude lernt er Lesen, Schreiben, Singen und Latein. Mit 14 Jahren bringt der Vater ihn zuerst nach Magdeburg in eine berühmte Schule, für die er sich das Geld ersingen muss, dann nach Eisenach, in die Heimatstadt der Mutter, wo er die „Georgenschule" besucht und bei Verwandten unterkommt. Den meisten Spaß macht ihm die lateinische Sprache, hier ist er ein Spitzenschüler. Erst nennt er Eisenach ein „Pfaffennest" mit seinen 3 Kirchen und 7 Klöstern, später ist er dankbar für die gute schulische Bildung und spricht von „meine liebe Stadt". Er kehrt sehr oft auf seinen Reisen nicht nur um zu predigen, sondern auch als „Schutzhäftling Junker Jörg", in die thüringische Stadt zurück.

Aber erst einmal muss er studieren und er tut das an der berühmten Erfurter Universität ab 1501, schreibt sich zum Studium der „7 freien Künste" in die Artistenfakultät ein, wo man Grammatik, Rhetorik, Dialektik, Metaphysik, Geometrie, Musik und Astronomie hören kann. Er ist ein sehr fleißiger und erfolgreicher Student, legt schon nach einem Jahr die Bakkalaureus artium-Prüfung ab und promoviert bereits 1505 zum Magister. Außerdem beschäftigt er sich mit dem juristischen Spezialstudium und berichtet seinem Vater bei einem Besuch in Mannsfeld, dass seine juristische Karriere beginne, worüber der Vater sehr erfreut und stolz ist. Aber es sollte alles ganz anders kommen. Auf der Rückreise gelangt er in ein sehr starkes Gewitter bei Stotternheim nahe Erfurt, bei dem er den Herrgott anfleht, Mönch zu werden, wenn er diese Naturkatastrophe überlebt. Noch im Sommer feiert er mit seinen Kommilitonen Abschied von der Universität und zieht im Erfurter Augustinerkloster ein, in ein karges und strenges Leben mit Fasten, Beten, Beichten und Schweigen. 1507 wird Luther im Erfurter Dom, einem der wertvollsten barocken Monumente des Mittelalters, zum Priester geweiht. Kurze Zeit später feiert er seine erste Messe. Ein Priester, der kritisch um ein neues Verhältnis zu Gott ringt.

Schon im nächsten Jahr geht er an die Artistische Fakultät der Universität Wittenberg, um einen Lehrstuhl für Moralphilosophie zu übernehmen und seine theologischen Studien fort zu setzen. Erst danach kommt er nach Erfurt zurück, um in dem Saal, in dem auch heute noch die angehenden Priester ihre Vorlesungen hören, die Studenten zu unterrichten.

Weil er großes Ansehen genießt und in einem Streit schlichten sollte, wird er beauftragt, zu Fuß nach Rom, dem Sehnsuchtsort aller Katholiken, zu pilgern, die längste Reise seines Lebens. Der Grundstein des Petersdoms ist gerade gelegt, als er in Rom ankommt (1511). Ein frommer Mönch erlebt hier eine tiefe Erschütterung in der heiligen Stadt, denn Papst und Kardinäle führen ein Lotterleben mit Alkohol und Kurtisanen. Luther sieht mit eigenen Augen einen sittlichen Verfall des Klerus in Italien. Danach wird er nach Wittenberg, einer kleinen Stadt, die aber durch ihre Kurwürde Bedeutung erlangt, geschickt. Luther zieht zuerst als Mönch am 19.10.1512 und später mit Familie in das Augustiner-Eremiten-Kloster ein und bleibt 35 Jahre hier wohnen. Am 31.10.1517 schlägt Luther seine 95 Thesen an die Tür der Stadtkirche zu Wittenberg.

MARTIN LUTHERS BIBEL

Martin Luther war geprägt
nicht nur von Theologie und Religiosität,
weil er der Papst der deutschen Sprache war,
galt er als unverwechselbar.
Den Papst in Rom hat er gerügt,
hat er sich aber auch vergnügt?

Als Klein – Martin noch Luder hieß,
als Älterer von zehn Eisleben verließ,
sang er in Eisenach glockenklar,
ein Junge, der fröhlich, intelligent, empfindsam war.
Latein und Griechisch im Schlaf kapiert,
den Wunsch des Vaters nicht akzeptiert.

Die Todesangst in Stotternheim,
bracht' ihm Glaubenswahrheit ein.
Die Uni Erfurt macht ihn schon
in kurzer Zeit erst zum Jurist, dann Diakon.
Er fastet, betet, schreibt,
wird 1507 zum Priester geweiht.

Er strebte an das Ordensleben,
als frommer Mönch mit Lesen, Beten.
Er war den Christen zugetan
und griff auch nicht die Bibel an,
die dolmetschte er in lebendige Sprache,
sah dem Volk aufs Maul, begriff was es sagte.

Luder klang zu liederlich,
deshalb nannte der Professor sich
Dr. Martin Luther im Grenzbereich der Zivilisation,
lange vor der Reformation.
Wittenberg war wichtige Station
zur Vorbereitung seiner trotzigen Reaktion.

Als Mannsfelder Bergbauernsohn
berichtete er Freund Melanchthon
von seinem Leben, seinen Pflichten,
vom Kampf gegen Papst und andere Geschichten.
In des Teufels Welt hat das Geld die Macht,
das, was Gott mit wahren Worten vollbracht.

Er wollte eine freie Religion,
keinen bezahlten Glauben,
keine Gottesfurcht und eine Situation,
die der Menschen Frömmigkeit rauben.
Die Wahrheit soll nicht vermessen sein,
deshalb stimmte er metaphorisch ein.

Er beschwor als Doktor Martinius die heilige Schrift
zu leben, zu predigen und weiter nicht.
Er fürchtet den päpstlichen Zorn und Spott,
doch lieber die Welt, als Verachtung durch Gott.
95 Thesen gegen Ablass der Kirche gerichtet,
hat sich zur Reform der Gesellschaft verdichtet.

Auf dem Reichstag zu Worms bleibt er hart,
mit Kritik an der Papst-Kirche nicht gespart
Er hat gestritten in schlauer Manier,
wandt' sich an Christus auch ohne Visier.
Sein Gewissen war in Gottes Worten gefangen,
„Gott helfe mir" – das war sein Verlangen.

Bedrängnis des Teufels, das nimmt er krumm,
und antwortet: „Medice, cura te ipsum"
(Arzt, hilf dir selbst)
Der Teufel als Gegenspieler, vom Bösen das Böse,
die Verdammnis, die nur Gott auflöse.
Dagegen hat er protestantische Werte parat ,
wie sie ebenfalls Gott der Herr auftat.

Gott hat Weib und Mann geschaffen,
die wahrlich nach Begierde gaffen.
Mönch und Nonne in der Klosterwelt,
werden durch Samengüsse gequält.
Man sollte ihnen die Ehe erlauben
und ihnen das Spiel mit der Liebe nicht rauben.

Gar nicht lange, ward ihm bange,
Kaiser Karl, der braucht nicht lange,
den Widerspruch zurück zu weisen,
bedeutet Schutz von Friedrich dem Weisen,
auf der Wartburg als Junker Jörg verkleidet,
er die Bibelübersetzung vorbereitet.

Viele Jahre hier gebunden,
dabei seine Frau gefunden,
Als Mönch und Nonne – Rebellion,
Heirat und Kinder, fast wie ein Hohn.
In der Hand das Neue Testament,
das erste deutsche Schrift-Sprachen-Dokument.

Das Werk von Luther als genial bewundert,
führte die Welt in ein neues Jahrhundert.
Er revolutionierte die mittelalterliche Struktur,
leitet ein die neue europäische Kultur.
Im Innern war Luther tief religiös,
die menschliche Schwäche fand er skandalös.

Er wendet sich anfangs an Mägde und Knechte,
predigt lieber für's Volk als für Mächt'ge.
Luther selbst nahm sich nicht so wichtig,
tat sich kund durch Gottes Wort,
er war trinkfest, doch nicht süchtig,
sehr gesellig und stets vor Ort.

Er ist stolz auf gewaltlose Rebellion,
wollte Gottes Wort, ohne Revolution.
Er hat nur Worte handeln lassen
und konnte mit frischem Zorne hassen.
Kindern fehlt Verstand, sind mit Glauben geboren,
bei Zweifel am Glauben, bist du verloren.

Gott hat das Allergrößte gegeben:
Das Leben!
Doch sollte er sich bequemen,
auch unsere Sorgen abzunehmen.
Des Menschen Arbeit ist wie ewiges Leben,
Bewusstsein für den Tod soll jede Stunde geben.

Sünden gegen Geld, das rettet nicht die Welt.
Es rettet nur den Bau in Rom, den Peters-Dom.
Luther nennt sich „Eleutheros", der Befreite,
wollte gar nicht unter die Leute,
doch Gutenbergs neue Druckerpresse,
machte aus Ablass plötzlich Ablässe.

Im Haus herrschte Katharina, die Ehefrau,
versorgte 6 Kinder, Fische und Brau-
haus, viele Tiere und des Hausherren Hund,
stopfte die Mäuler und hielt sie gesund.
Martins Lieblingsspeise, weil sie Fische fing,
war Erbspüree und Brathering.

Mit seinen Eltern stand er in Konflikt,
kam aber später nach Mannsfeld zurück.
Der Vater war stolz auf seinen Sohn,
nicht auf den Theologen, auf den Juristen schon.
Bevor er in das Kloster ging,
hatten die Eltern eine Frau für ihn.

Luther führte ein gastfreundliches Haus,
protestantische Pfarrer gingen ein und aus.
Weil Nächstenliebe und Musik dominierten,
die Bibellektüren gebildete Menschen führten.
Mit kräftigen Worten nicht gespart,
Lebensweisheiten und Trinksprüche stets parat.

Er selbst war vergnügt, trank täglich sein Bier,
war ein guter Vater und weilte gern hier.

Luther war alt, im 63. Jahr,
verstarb an dem Ort, wo er geboren war.

MARTIN LUTHERS AUFTRETEN UND SEINE KRAFTVOLLEN WORTE

Martin Luther war ein Mensch voller Energie, kraftvoll in seinem Auftreten und seiner Ausdrucksweise, besonders stark, ja, drastisch, war er in seiner bildhaften Sprache. Wo es nötig war, tröstete er und war ein mitfühlender Priester. Es gab auch Traurigkeit, er hatte auch Rückschläge zu verkraften in der Familie und litt an Stimmungsschwankungen sogar unter depressiven Phasen, kannte aber auch starke, belastende Schmerzen, wenn er sich mit Nierensteinen quälte, die in Gotha,* Tambach-Dietharz und Schmalkalden mit Wasserkuren erfolgreich behandelt werden konnten. Von tiefer Frömmigkeit erfüllt, mit starkem Glauben ausgerüstet, konnte er auch unerbittlich sein und kämpferisch im Streit gegen Fürsten, Kaiser und Papst, obwohl er die Obrigkeit achtete,

Das machte seine Faszination aus, verlieh ihm Respekt und Bewunderung. Seine Klugheit, mit der er die Reformation leitete und seine Bibelübersetzung auf der Wartburg, die zur Herausbildung einer einheitlichen deutschen Nationalsprache beitrug, begründen bis heute seine historische Bedeutung und verlieren nicht an Ausstrahlungskraft. Die Orte seines Wirkens wurden in Eisleben, Wittenberg und Eisenach in die Liste des Weltkulturerbes der UNESCO aufgenommen.

Lassen wir Luther selbst zu Worte kommen:

Gott mag keine traurigen Gedanken, er schreckt nicht, er tötet nicht, sondern er ist ein Gott des Lebens.

Wenn ein jeglicher seinem Nächsten diene, so wäre die Welt voll Gottesdienste.

Der Mensch ist ein Wesen, zusammengesetzt aus Leben und Tod, Lust und Trauer, Begierde und Überdruss, Liebe und Hass, Vernunft und Torheit.

Ich möchte den Mönchen und Nonnen gern helfen. So sehr jammern mich die armen Menschen, die jungen Männer, die durch Samenergüsse und sexuelles Verlangen gequält werden, und die jungen Mädchen.

Gott hat Mann und Weib so geschaffen, dass sie mit Lust und Liebe, mit Willen und von Herzen gern zusammen kommen.

Es ist nicht gut, dass der Mensch allein sei.

Gott hat uns das Meiste und Allergrößte gegeben, das Leben, und will uns auch das ewige Leben geben, darum sollen wir ihm auch das Geringste, die Sorgen für den Leib, anvertrauen.

Alles, was in der Welt geschieht, das geschieht aus Hoffnung. Wie viel mehr fordert uns die Hoffnung zum ewigen Leben.

Wenn das Ende gut ist, so ist alles gut.

2. Johann Wolfgang von Goethe, der leidenschaftlich, faustische Lebenskünstler (1749–1832)

Aus dem Leben von
Johann Wolfgang von Goethe

Drei Tage kämpfte sich der kleine Mensch auf die Welt und bereitete seiner 18-jährigen Mutter, der reichen Rätin und Kaufmannstochter Catherina Elisabeth Goethe, starke Schmerzen. Die „Misshandlung der Hebamme" ließ das Baby „schwarz" werden, so wurde berichtet, und ohne Lebenszeichen. Erst ein belebendes Bad und wahrscheinlich eine Herzmassage holten den Kleinen in diese Welt zurück. Ein Wunder, dass dies alles ohne Schaden für Herz und Hirn abgelaufen ist. (Bettina an Goethe, 4.11.1810). „Man schrieb das Jahr „1749, den 28. August mit dem Schlage 12 Mittag" schrieb Goethe später in seinem „Biographischen Schema" 1809). Am Großen Hirschgraben wächst er zusammen mit seiner Schwester Cornelia in einem großen Hause auf mit einem weitläufigen Hausflur mit hölzernem Gitterwerk zur Straße, was den Kindern Luft verschafft, als schönstem Raum zum Spielen. Die Großmutter erzählt Märchen und zu Weihnachten freuen sie sich riesig über ein Puppenhaus mit Bühne zum Puppenspiel mit Marionetten. Wolfgang tritt schon als Junge gern vor Gästen und Verwandten auf und steht im Flur „im Feuer der Rede".

Goethe stammt aus einer bedeutenden Familie, über die er sich mit Ehrfurcht äußert. Es waren Patrizier, reiche Bürger, in deren Häuser er schaut und neugierig auf alles ist. Der Vater, streng und ordnungsliebend, versucht, ihn schon früh mit fremden Sprachen durch Hauslehrer vertraut zu machen wie Hebräisch, Latein, Griechisch und Englisch. Er besucht dann das Gymnasium, ist ungeduldig, ja, etwas heftig, manchmal „kollerig" als junger Mann. Gar nicht lange, kommt er direkt zur Messe in Leipzig an, findet Gefallen an den Menschen und der Stadt, wohnt in der „Feuerkugel, um einen leidlichen Preis". Er will nicht Historiker und Staatsrechtler werden, macht über die Kammerrichter seine Possen, bringt seine Mit-Studenten zum Lachen. Er schreibt Gedichte an seinen Kuchenbäcker Händel, nimmt private Zeichenstunden bei Oeser an der Kunstakademie und verliebt sich in Käthchen Schönkopf, Tochter eines Weinhändlers im Brühl. Er selbst sieht sich gehetzt, verliert Kraft und Besinnung durch einen Blutsturz und findet sich zu Hause in Frankfurt wieder, um gesund zu werden.

Ab 1770 studiert er in Straßburg. Hier begegnet er zum ersten Mal Herder, der sich einer Augenoperation bei Professor Lobstein unterzieht. Goethe schreibt, dichtet, befasst sich mit Baukunst und schließt mit einer Dissertation sein Jurastudium ab. Er ist ein sehr unruhiger Geist, pflegt viele Freundschaften, reitet zum Pfarrhaus nach Sesenheim, um Friederike aufzusuchen, also eilt er zu einer neuen Liebe und zu Oliver Goldsmith, „den protestantischen Priester und König in einer Person", gelangt in eine wahrhaft poetische Welt, die sich über Gegenstände, über Glück und Unglück, Gutes und Böses, Tod und Leben erhebt. Er hätte nicht geglaubt, „aus dieser fingierten Welt alsbald in eine ähnliche, wirkliche versetzt zu werden."

1771 verabschiedet er sich von Friederike, beschäftigt sich mit Shakespeare und dem Theater. Während seiner großen Liebe zu Charlotte Kestner, die ein ganzes langes Leben währen sollte, entsteht sein Roman: „Die Leiden des jungen Werther" (1774), der in Leipzig gedruckt wird, und ihn mit einem Schlage berühmt macht.

Er reist in Deutschland, zeichnet, beschäftigt sich mit Physiognomie, mit der Götterwelt der Griechen und schreibt seinen „Prometheus", zuvor aber lernt er die Silhouette Charlotte von Steins kennen, die ihm der Arzt und Schriftsteller Johann Georg Zimmermann in Bad Pyrmont vorgelegt hatte, die Goethe in höchsten Tönen lobt. (Physiognomische Fragmente, 1775) Nach dem Kennenlernen des Herzogs von Weimar, erreicht ihn auf dem Weg nach Italien in Heidelberg die Einladung Kalbs, des Weimarer Hofmarschalls, sein eigentlicher Reisebegleiter, die eine Umkehr und den Weg nach Weimar bewirkt, wo er schließlich am 3. November 1775 nicht nur eintrifft, sondern auch bleibt.

J. W. von Goethe als Mensch

Goethe galt als Souverän,
war Egoist, oft unbequem.
Man hat die Strenge oft gerügt,
hat er sich aber auch vergnügt?
War Goethe wohl ein lustiger Gesell,
oder sogar ein Rebell?
War er glücklich sein Leben lang,
wurden ihm die Sinne bang?

Goethe war in jungen Jahren,
ein Bilderstürmer, unerfahren,
ein schrecklich unzufried'ner Dränger,
zu oft ein schlimmer Mädchenfänger.
Nach dem „Werther" eher bescheiden,
mag Philister gar nicht leiden,
doch der dicke Ordensstern
auf der Brust des Adelsherrn,
hilft den weisen, edlen Alten,
die Weimar-Klassik zu gestalten.

Er war kein Freund des Veralteten, Schlechten,
auch nicht der Unvollkommenen und Ungerechten,
vertrat die Freiheit für Geist und Person,
nur anfangs ein Freund der Französischen Revolution,
später wechselte er die Position,
auch distanziert zu Napoleon,
empört sich über Gräuel, Willkür und Grausamkeit,
sah nicht das Bürgertum in seiner Zeit.

Der große Dichter aus dem schönen Weimar,
wäre so gerne dem Volke sehr nah.
Doch es war Schiller, der hier dominiert,
und es hat ihre Freundschaft nicht lädiert.
Er erkannte, die Kunst geht mit dem Volke konform,
die Antike als Vorbild, das Theater als Norm.

Früh schon hat er sich „Faust" zugewandt,
legte ihn wieder aus seiner Hand.
Den geistig-seelischen Qualen entfliehen,
musste er nach Italien ziehen.
Er brauchte die Erneuerung,
Sonne und Malen als Aufmunterung.

Goethe gesellig und tafelfreudig,
sein Gläschen Wein macht ihm keiner streitig.
Er war oft still, in sich vergnügt,
so hat er sich oftmals selber genügt.
Oft war er auch locker und satirisch, nie exaltiert,
hat „Reinicke Fuchs" nicht harmlos karikiert.

Als Außenseiter seiner Zeitenreise
zeigt das Bewusstsein, das sehr weise,
den Wolf in einem Bürgerkostüm,
ohne Grenzen, ungestüm,
auch in Natur und Wissenschaft
was wahrlich ein Genie nur schafft.

Geheimrat Goethe war Realist,
er sah die Welt, so wie sie ist,
die Schatten und die schönen Seiten,
beides ließ sich nicht vermeiden.
Doch meist dem Schönen zugewandt,
genial im Fühlen und Verstand.

Wie er die Natur ergründet,
allumfassend und auch findet,
den Urzustand von Pflanz' und Tieren,
die Gesteine zu kartieren.
Kurz in die Anatomie gerochen,
findet er den Zwischenkiefer-Knochen.

Auf Körpersignale prompt reagiert,
in seinen Äußerungen introvertiert,
sparsam mit Ärzten und Medizin,
zog es ihn mehr zum Natürlichen hin.
Mit Sonne, Wasser, Bewegung und Moor,
kam er den Schmerzen lieber zuvor.

Der Liebe Spuren, die er suchte,
Lust und Leidenschaft verbuchte,
Frau von Stein, war sie platonisch,
phantasievoll und erotisch?
Oder eine Blasphemie,
das Geheimnis schütze sie.

Es wird wohl ein Geheimnis bleiben,
weil undurchdringlich Schleier zeigen,
wie ein einfach, hübsches Ding,
den schon erfahr'nen Goethe fing.
Goethes Wunsch, ein unschuldig Weib,
die „französische Grippe" stand angstbereit.

Er zeugte 5 Kinder, nur einer gesund,
Man weiß heute, Christianes Blut war der Grund.
Ich glaube, Erotik, sie galt wohl schon,
mehr als die sexuelle Dimension.
Das war Geheimnis der Faustine in Rom,
sie hatte keinen Mann, doch einen Sohn.

Goethe war kein Ungeheuer,
er schürte oft das Liebesfeuer,
sogar mit 73 Jahren.
Doch musste er voll Leid erfahren,
dass Ulrike ihn versetzte,
seine Eitelkeit verletzte,
so dass er Marienbad verließ,
beim Abschied die „Elegien" schrieb.

Wie er die Abfuhr aufgefasst,
aller Zwang war ihm verhasst.
Er hat wohl nie danach geschaut,
was Mode ist und was erlaubt.
Er hat getan, was ihm gefällt,
das war sein Motto dieser Welt.

Goethe war glücklich, nur kurze Momente,
auf Dauer nicht,
deshalb sein Wunsch am Lebensende:
mehr Licht, ich brauche mehr Licht!

Goethes sinnliche Heiterkeit:

Seine Erinnerungen der Kindheit und Jugend und die Ereignisse, die er in seinem Tagebuch fest hielt, ergaben die „Dichtung und Wahrheit" – seine Biographie – ein umfassendes Lebensbild eines Titanen, so wie er seiner Zeit erschienen ist. „Bei Eigensinnigen ist die Freiheit hinreichend aufgehoben und die gemeinschaftliche Kultur", meint Herrmann Hesse. Heute noch erscheint Goethe als ein Glücksfall der deutschen Kultur, ein Ausnahme – Charakter mit einem starken „Ich". Man ist erschüttert und gerührt zugleich, er öffnet die Sinne, ist Mensch im Gelingen und der Sorglosigkeit, blieb am Hofe frei, wurde nicht zum „Fürstenknecht", trotz seiner Stellung als Minister in Weimar, kam aus dem Bürgertum und war begünstigt, eine Erziehung zur Sympathie. Er schloss Freundschaften und verliebte sich oft, kannte Höhen und Tiefen, durchlebte sie. Goethe steht einzig da, er ist selbst ein Stück Wahrheit, verkörpert als beispielhafter Mensch die Norm der Gesellschaft an ihrer oberen Grenze – der Einzige – steht jenseits der Norm – ein Genie! Sein Werk, seine Leistung, unerschöpflich, Anmut, Selbstbehauptung, Vertraulichkeit und Täuschung, gesammelte Weisheit und starke Gefühle von Generationen, bringt selbst Kultur hervor.

Er schreibt selbst:
Ein wunderbares Lied ist euch bereitet:
Vernehmt es gern und jeden ruft herbei.
Durch Berg und Täler ist der Weg geleitet;
Hier ist der Blick beschränkt, dort wieder frei,
Und wenn der Pfad sacht in die Büsche gleitet,
so denkt nicht, dass es ein Irrtum sei;
Wir wollen doch, wenn wir genug geklommen,
Zur rechten Zeit dem Ziele näher kommen.

Doch glaube keiner, dass mit allen Sinnen
das ganze Lied er je enträtseln werde;
Gar viele müssen vieles hier gewinnen,
Gar manche Blüten bringt die Mutter Erde,

der eine flieht mit düstrem Blick von hinnen,
der andre weilt mit fröhlicher Gebärde:
Ein jeder soll nach seiner Lust genießen.
Für manchen Wandrer soll die Quelle fließen.

**Oder recht locker in Franzensbad in den Jahren 1808
bis 1811:**
Das Beste
Wenn dir's im Kopf und Herzen schwirrt,
was willst du bessres haben?
Wer nicht mehr liebt
und nicht mehr irrt,
der lasse sich begraben.

**Er hatte auch seine Freude am sinnlich –
heiteren Leben:**
„Zürnet nicht ihr Frauen, dass wir das Mädchen bewundern; Ihr genießet des Nachts, was sie am Abend erregt."

„Lange sucht' ich ein Weib mir; ich suchte, da fand ich nur Dirnen; Endlich erhascht ich dich mir, Dirnchen, da fand ich ein Weib."

Ich bin wie ich bin:
Vom Vater hab ich die Statur,
des Lebens ernstes Führen.
Vom Mütterchen die Frohnatur
Und Lust zu fabulieren.

Ja, ich nehme mir's zur Ehre,
Wandle fernerhin allein!
Und wenn es ein Irrtum wäre,
Soll es doch nicht eurer sein!

Christel:
Hab oft einen dumpfen düstern Sinn,
Ein gar so schweres Blut!
Wenn ich bei meiner Christel bin,
Ist alles wieder gut.

Das Wunder Leben

3. FRIEDRICH VON SCHILLER,
DER PHANTASIEVOLLE, GEISTREICHE TITAN
(1759–1805)

Aus dem Leben Friedrich von Schillers

Sein Weg schien vorgezeichnet, als Friedrich Schiller am 10. November 1759 in Marbach als zweites Kind des Soldaten und Wundarztes Johann Caspar Schiller und seiner Frau Elisabeth Dorothea Schiller, das Licht der Welt erblickte. Die Eheleute bekommen danach noch vier Töchter, von denen zwei im Kindesalter sterben.

Die Kinder werden erst von der Mutter pietistisch und später vom Vater streng protestantisch erzogen. Nach dem 7jährigen Krieg, in dem sich der Vater als Offizier und Wundarzt bewährt hat, zieht die Familie nach Lorch, wo Friedrich mit 5 Jahren die Dorfschule besucht. Vom Dorfpfarrer erhält er zusätzlich Latein- und Griechischunterricht. Ab 1767 besucht er nach dem Umzug die Lateinschule in Ludwigsburg, um schon mit 9 Jahren, eine Theologie-Laufbahn zu beginnen. Nach seiner Konfirmation 1772 beginnt er, inspiriert durch Theaterbesuche, die ihn tief beeindrucken, zu schreiben. Mehrmals hatte er beim „Landexamen" als Bester abgeschnitten, so dass er dem Herzog Carl Eugen auffiel und in die neu gegründete Karlsschule aufgenommen wurde. Gegen seinen Willen und auf Anweisung des strengen Vaters muss er auf Schloss Solitude bei Stuttgart lernen und erhält eine militärische Grundausbildung. Er studiert Grundlagenfächer wie Latein, Griechisch, Französisch, Geographie, Geschichte, Mathematik und Philosophie und beginnt 1774 mit dem Jurastudium.

Als 1775 die militärische Karlsschule zur Akademie erhoben wird, wechselt Schiller sofort zur Medizin.

Schiller litt sehr unter der Kasernierung der Karlsschule, wo er nicht einmal seine Familie besuchen durfte, auch als seine zwei kleinen Schwestern starben. Er besteht 1779 sein Examen, erst 1780 wird seine Dissertation angenommen. Allerdings schreibt er jetzt schon an seinen „Räubern", um sich bei den Repressalien etwas Luft zu verschaffen, denen er auch als Regimentsarzt ausgesetzt ist.

1781 lässt er „Die Räuber" im Selbstverlag drucken und verschuldet sich. Erst später wird das Buch vom Mannheimer Verlag von Dalberg verlegt und am 13.1.1782 uraufgeführt. Die Aufführung ist Erfolg und Skandal zugleich, begründet aber Schillers Ruhm über Deutschland hinaus. Nach unerlaubten Besuchen mit Arrest bestraft und dem Verbot weiterer Dichtung durch den Herzog Karl Eugen, desertiert Schiller im September 1782 aus den Diensten, um frei leben und dichten zu können.

Verfolgungen und Drohungen geht er aus dem Wege, indem er oft Orte und Namen wechselt. So hält er sich, versteckt in Frankfurt, Mainz, Worms und Oggenheim unter dem Pseudonym Dr. Ritter, meist völlig mittellos auf. Mehrere Monate findet er Asyl in Bauerbach, auf dem Landgut Henriette von Wolzogens, wo er „Kabale und Liebe" und den „Fiesko" schreibt. Unglückliche Liebe zu Charlotte, der Tochter Henriettes, veranlasst ihn, nach Mannheim zu flüchten. Er bekommt hier als Theaterdichter eine Anstellung bei von Dalberg und muss dabei 3 Theaterstücke im Jahr abliefern.

Hier treten 1783 schwere malariaähnliche Fieberschübe auf, die seine spätere Krankheit begründen. Ständige Schulden und eine unerfüllte Liebe zu Charlotte von Kalb quälen ihn. Durch die Vermittlung und Bekanntschaft mit Herzog Karl August von Sachsen-Weimar wird Schiller im Dezember 1784 zum Weimarischen Rat ernannt. Erst 1787 zieht Schiller von Mannheim nach Weimar, Charlotte zieht ebenfalls nach Weimar. Im gleichen Jahr lernt Schiller in Rudolstadt Charlotte von Lengenfeld und deren Schwester Caroline kennen, in deren Nähe er zieht, weil er beide liebt. 1788, nach Goethes Rückkehr aus Italien, treffen beide erstmals im Hause der Lengenfelds zusammen. Schiller kehrt nach Weimar zurück und erhält noch im gleichen Jahr eine Professur für Geschichte an der Universität in Jena. Die Studenten sind begeistert. Erst durch eine Fürsprache des Herzogs Karl August erhält er eine Besoldung und kann Charlotte von Lengenfeld am 22.2.1790 in Wenigenjena heiraten. 1791 trifft ihn erneut eine schwere Erkrankung, die sich als Tuberkulose heraus stellt, und zu einem Kuraufenthalt nach Karlsbad führt. Im August 1793 reisen seine Charlotte und er das erste Mal wieder in seine Heimat nach Schwaben. Er wird vom Herzog geduldet. Am 14.9.1793 wird Schillers erster Sohn Karl Friedrich geboren. Nachdem Schiller nach Jena und Weimar zurück kam, hat er Kontakte zu Johann Gottlieb Fichte, Wilhelm von Humboldt und ab 1794 regelmäßig zu Goethe, und schreibt eine Reihe von Balladen wie „Der Taucher" und „Der Ring des Polykrates". Es folgen „Die Bürgschaft" und „Das Lied der Glocke" bis 1799, wo Schillers Tochter geboren und Goethe Patenonkel wird. In dem Jahr werden seine Zuwendungen verdoppelt, so dass Schiller in das 6000 Einwohner zählende Städtchen Weimar und 1802 in ein eigenes Haus in Weimar ziehen kann.

Er schreibt seine Dramen „Wallenstein", „Maria Stuart" und „Die Jungfrau von Orlean". Es folgen „Wilhelm Tell" und „Die Braut von Messina". 1802 wird Schiller von Kaiser Franz II, wie schon vorher Goethe auf Antrag des Herzogs Karl August in den Adelsstand erhoben.

Friedrich Schillers Phantasien

Schiller war ein Denkgenie,
praktisch war der Schiller nie.
Der Weg des Ohres ist der Weg zum Herzen,
Stillstand der Tätigkeit bereitet Schmerzen.
Arbeiten, die den Atem rauben,
Genüsse, die kein Ende glauben.

Schiller hat Medizin studiert,
doch war er historisch mehr interessiert.
Flucht von der Schule und ein Versteck,
die „Räuber" aber schon im Gepäck.
Er hat Unterdrückte zur Freiheit geführt
und damit des Volkes Seele berührt.

Schiller, er ist schwer zu fassen,
hat Geschichte zur Tragödie werden lassen.
Haucht Tieren oft mal Seele ein,
lässt sie als Menschen sprechen,
Gerechtigkeit soll Wesen sein,
das soll sich später rächen.

Wortgewaltig – ein Titan,
lehnt sich an die Götter an,
nah der Mensch als Kreatur,
an der mächtigen Natur.
Hier kann er sich total entfalten,
göttergleich Natur gestalten.

Die Freude ist der Götterfunken
im Lande der Glückseligkeit.
All dort, wo Menschen Glück gefunden,
ist Offenbarung seiner Zeit.
Beethoven, das Ton-Genie
verwandelt die Worte in Symphonie.

Vergnügen, Komik und Humor
kommt bei Schiller gar nicht vor.
Ästhetisch und moralisch gleich,
das war des Dichters großes Reich,
denn „Krieg führt der Witz auf ewig
mit dem Schönen" – eher ungewöhnlich.

Schillers Wirken – ein Phänomen,
anspruchsvoll, oft unbequem,
abschreckend gut, doch nicht vulgär
und in der Zeit sehr populär.
Die „Glocke" vergänglich, gefällt dem Volk,
Goethe hätte es gern so gewollt.

„Kabale und Liebe" und „Wallenstein"
stimmten oft komödiantisch ein,
doch am Ende war Schiller nur Vater
von einigen Stücken am Hoftheater.
In Wirklichkeit ist der Charakter erstarkt
an den ernsten Dramen, die er gewagt.

Dem Volke gefiel „Schiller in kleinen Portionen",
in Sentenzen, Aphorismen, Maximen, Kanonen.
Jeder, der etwas auf sich hält,
mag seine Sprüche von Mensch, Natur, Kunst und der Welt.
Für Schillers Worte war überall Platz,
das war des Volkes geistiger Schatz.

Oft machten die Lesehäppchen
Appetit auf weitere Schiller-Schnäppchen.
Er war so erstaunlich lebendig,
eine Sprachkraft ausdrucksstark, wendig.
Er hatte sie auch in den Briefen versteckt,
das wurde nach seinem Tod erst entdeckt.

Liebe ist schönstes Phänomen, das die Schöpfung beseelt,
der mächtigste Magnet in der Geisterwelt,
die Urkraft der Anziehung zwischen Geschlechtern,
Liebe schenkt, Egoismus leiht, auch den Wächtern.
Liebe ist großmütig, selbstsüchtig zugleich,
gibt alles und schafft sich ein eigenes Reich.

Er hat gelacht, war jung, verliebt
und war zu Späßen aufgelegt.
Als ihn die Krankheit Kraft geraubt,
hat an Humor er nicht mehr geglaubt.
Schiller war von der Liebe beglückt,
zog sich mit seiner Charlotte zurück.

Schiller selbst war nicht sehr vergnügt,
hat Satiriker und Komiker ernsthaft gerügt.
Die schwere Krankheit, die hat ihn behindert,
wurde durch Goethes Freundschaft gemindert.
Seine großartigen Worte, die tat er kund,
legte sie Fiesco und Tell in den Mund.

Goethe war gegen Schiller zurückhaltend, korrekt,
und zollte dem Geist seines Freundes Respekt.
Die Pläne der beiden, sie endeten bald,
die Weimarer Klassik wurde nicht alt.
Seinesgleichen ist nicht auf Erden bekannt,
ein gewaltig Werk von Geist und von Hand.

Die Menschen waren traurig, das Volk war in Not,
nicht wegen Napoleon, wegen Schillers Tod.

Der vergnügte Schiller

Schiller erreicht mit seinen „tragischen Gegenständen", die ihm aber Vergnügen bereiten, eine hohe Popularität, obwohl er gerade im „grandiosen Ernst" ein hohes Pathos verherrlicht.

Lachen und Humor weichen oft dem Sinn und der Moral, sind ethisch und ästhetisch zugleich, ja, moralisierend geprägt. Sein Ausspruch: „Krieg führt der Witz auf ewig mit dem Schönen", scheint für ihn maßgebend zu sein. Und trotzdem gibt es Lustiges, nicht gerade Witziges, auf zu spüren. Zusammen mit Goethe hat er 1796 die „Xenien" – das sind „Gastgeschenke" – eine Sammlung satirischer Zweizeiler voller Spott, Pointen und Polemik veröffentlicht. „Das Vergnügliche liegt also nicht immer offen", schreibt M. Neubauer. Es gibt markante Denksprüche, Aphorismen, Sentenzen, Maxime über Natur, Kunst, Welt und Menschen, die Schiller in Stammbuchversen bekannt machten, so z. B. „Es wächst der Mensch mit seinen größern Zwecken." „Eng ist die Welt, und das Gehirn ist weit." „Spät kommt ihr, doch ihr kommt, den Leu zu wecken." Ernst ist der Anblick der Notwendigkeit."

Dabei kommt Schillers Sprachkraft, seine Intelligenz, sein Gedankenreichtum zum Tragen, auch in den „Lesehäppchen".
Er sagt: „Ich stürze mich aus meinen idealistischen Welten, sobald mich ein zerrissener Strumpf an die Wirklichkeit mahnt."
Sein Wahlspruch: „Glühend für die Idee der Menschheit, gütig und menschlich gegen den einzelnen Menschen, gleichgültig gegen das ganze Geschlecht, wie es wirklich vorhanden ist."
Lieber zehn Briefe schreiben als einmal selbst kommen. Auch die Freiheit muss ihren Herrn haben. Der Mensch ist ein nachahmendes Geschöpf, Und wer der Vorderste ist, führt die Herde".
Ein edles Herz bekennt sich gern von der Vernunft besiegt. Wer über alles lachen könnte, würde die Welt beherrschen.

Wer Tränen ernten will, muss Liebe säen.

Leidenschaft für die Dichtkunst ist feurig und stark, wie die erste Liebe.

Wer gar zu viel bedenkt, wird wenig leisten.

Die Natur gab uns das Dasein, Leben gibt uns die Kunst und Vollendung die Weisheit.

Einen Liebhaber, der den Vater zu Hilfe ruft, trau ich – erlauben Sie – keine hohle Haselnuss zu. Das Mädel ist schön – schlank – führt einen netten Fuß.

Unterm Dach mag's aussehen, wie's will. Darüber guckt man bei euch Weibsleuten weg, wenn' nur der liebe Gott parterre nicht hat fehlen lassen.

Der Weg des Ohres ist der gangbarste und nächste zu unserem Herzen.

Wenn ich ein Lamm schenken will, lass ich's durch keinen Wolf überliefern.

Ein moralisch gebildeter Mensch, und nur dieser, ist ganz frei.

Feuervogel Harpyie

4. Joseph Freiherr von Eichendorff, der poetische „Taugenichts" (1788–1857)

Aus dem Leben von Joseph Freiherr von Eichendorff

Joseph Freiherr von Eichendorff, selbst altes deutsches, katholisches Adelsgeschlecht, beschreibt in seinem „Autobiographischen Präludium" seine Geburt im mittelalterlichen Landschloss Lubowitz bei Ratibor in Oberschlesien, am 10. März 1788 in einer tiefen, stillen, kalten, klaren Winternacht, wo Jupiter und Venus freundlich auf die weißen Dächer blinkten und der Mond im Zeichen der Jungfrau stand. Er sei sogleich in „Hosen und Frack zur Welt gekommen." Er beschreibt einen fürstlichen Empfang beim Erblicken der Welt mit Trompeten, Pauken und Böllern, aber alles anderthalb Minuten zu früh wegen einer boshaften Hebamme. Später schreibt er: „Was gehen aber auch dem Leser meine Kinderjahre an?"

Er verbringt sie behütet und betucht, ohne Sorgen, im Park und in der Natur in romantischer Umgebung mit Wandern durch Wiesen und Wälder, in die er immer wieder gern zurückkehrt. Er bekommt zusammen mit seinem Bruder vom Pfarrer Privatunterricht, bis er das katholische Gymnasium in Breslau abschließt. Auch dann geht er dem Vater in seiner Mühle nicht zur Hand, so dass der ihn als „Taugenichts" beschimpft und sagt: „Geh auch einmal hinaus in die Welt und erwirb dir selber dein Brot!" Das nahm er wörtlich, mit Geige und ein paar Groschen schlendert er aus dem Dorf hinaus in die freie Welt. Ihm ist es „wie ein ewiger Sonntag im Gemüte". Er springt auf eine Kutsche und fährt nach Wien. Schon jetzt schreibt er Verse von Sehnsucht, Verlorenheit und Heimat in der Fremde. Er verherrlicht den Adel, das Rittertum, den Krieg, obwohl gerade nach dem Siebenjährigen Krieg der Adel zerfällt. Er aber will das Große, Edle und Schöne erhalten und ritterlich wahren, obwohl er auch an der Universität in Halle und Heidelberg, später in Wien, den großen „Stapelplätzen der Kunst und Wissenschaft" als Jurastudent die Zeit erkennt und real einschätzt. 1812 schließt er das Jurastudium ab. Danach ist er Soldat, dann Offizier in den Befreiungskriegen 1813 bis 1815, schätzt als „Höchstes im

Leben die Religion". Im April 1815 heiratet er in Breslau seine Luise von Larisch, noch im gleichen Jahr wird sein Sohn Hermann geboren. Es folgen noch ein Sohn und eine Tochter, die ihre Kinderjahre überleben. Ab 1816 ist er preußischer Beamter, Referendar in Breslau, Schulrat in Danzig und siedelt mit Familie 1831 nach Berlin als Regierungsrat ins Kultusministerium um.

Ohne Geldsorgen kann er sich leidenschaftlich der Dichtkunst und dem Schreiben und Übersetzen widmen, kann ein vielfältiges romantisches Lebenswerk schaffen.

Zahlreiche seiner Gedichte werden deutsche Volkslieder, wie: „In einem kühlen Grunde", „O, Täler weit, o, Höhen", „Wer hat dich, du schöner Wald" u.v.a. Aber auch Übersetzungen, Novellen und Romane wie: „Aus dem Leben eines Taugenichts", „Ahnung und Gegenwart" sowie Märchen und Komödien kommen aus seiner Feder. Seine Romantik nimmt poetisch-realistische Züge an, er lehnt aber die demokratische und revolutionäre Bewegung der vierziger Jahre ab.

Mit 56 Jahren geht er in den Ruhestand, nicht in den dichterischen, schreibt und übersetzt weiter. Er stirbt am 26.11.1857 an einer Lungenentzündung in Neisse (Oberschlesien). Wir verehren ihn heute als einen bedeutenden Lyriker und großen Schriftsteller.

Joseph Freiherr von Eichendorffs Adel

Von Eichendorff, der Adelsmann
gehörte der Romantik an,
beschreibt die Welt im schönsten Kleid,
er möchte gern, dass das so bleibt.
Ihm reicht es, diese zu verwalten,
das deutsche Liedgut zu gestalten.

Schloss Lubowitz bei Ratibor,
die kleine Welt an Gottes Ohr.
In tiefer Religiosität,
für diese Welt schon viel zu spät.
Klein Joseph wuchs behütet auf,
in Vaters schönem Mühlenhaus.

Doch liebte er beizeiten
für jedermann zu Geigen.
Als „Taugenichts" auf Reisen,
die weite Welt zu preisen.
Die Welt bedroht durch Industrie,
glaubt an die Macht der Poesie.

Der Widerspruch bedroht die Welt,
der sich Eichendorff entgegen stellt.
Er scheitert nicht an der Realität,
glaubt an poetische Kreativität.
Er gibt der Heimat einen Raum,
Vertriebene fassen hier Vertrauen.

Von Eichendorffs romantische Ära,
für seine Verhältnisse wirklichkeitsnah.
In Grundzügen stand seine Poesie,
der politischen, sozialen, religiösen Welt vis a vis.
Die Adelswelt traf sich in vielen Fällen,
auf der Jagd, zu Schlossfesten und -bällen.

Er wollte, dass Adel sich selbst reformiert,
sah den Krieg als normal und sittliche pervertiert.
Die Geschicke des Menschen allein,
können in Gottes Hand nur sein.
Eine Befreiung aus der Unmündigkeit,
war für ihn totale Unmöglichkeit.

Die Frau verbleibt am heimischen Herd,
ist in der Gesellschaft wenig Wert.
Als Preußens Beamter in gehob'ner Position,
waren Heines Gedanken Satire und Hohn.
Er selbst wollt' nicht Mühseliges und Verschwitztes,
freut sich an Edlem und des Wortes Witzes.

Er hält krampfhaft fest die feudale Zeit
und flüchtet in die Unwirklichkeit,
lädt ein, im Wiesengrund zu träumen
mit beschaulichem Rehlein unter Bäumen.
Es ist sein „Herz in vollem Klange",
so „lehne ich sanft an dich die Wange".

Der Kampf in der Jugend ehrenwert,
weil er Gerechtigkeitsgefühle lehrt.
Eine Erklärung als boshaft und infam empfunden,
kann nur durch Zweikampf wieder gesunden.
Auch barbarische Völkerduelle
haben im Staatsrecht ihre Lebensquelle.

Als Offizier in Torgau festgebannt,
steht er für Volk und Vaterland,
taucht unter in der Pedanterie,
als gemeiner Soldat, das wollte er nie.

Er glaubt: wird das Unerreichbare im Dunst-
Kreis befriedigt, ist dies das Ende der Kunst.
Er fordert Mäßigung der natürlichsten Begierden,
um den Becher der reinen Wollust zu leeren.
Nicht Quelle des Schmerzes solle er werden,
das ist der Keim seines Vergnügens auf Erden.

Er nahm sich einen braven Rock,
gewachsen wie ein Bienenstock.
Seine Grete sittsam, in schlimmsten Jahren,
mit schönem Gesicht und langen Haaren.
In seiner romantischen Schwärmerei
ist das Recht männlich, wenn Sitte weiblich sei.

Er findet sich mit 35 Jahren
für die Ehe erst erfahren,
so dass er die Liebe als Frühling empfindet,
auch Sommer, Herbst und Winter überwindet.
Er war selten locker als Mensch und vergnügt,
hat als strenger Beamter dem Staat treu gedient.

Obwohl späte Dichtung realistische Züge gebar,
Demokratie, Revolution für ihn nicht denkbar war.
So lebte er in ruhiger Weise,
bis zum romantischen Ende an der Neiße.

Das Faultier Asambosam

Der vergnügte Adlige Joseph Freiherr von Eichendorff äußert sich manchmal recht offen über seine Person:

Doch was hilft die Gunst der Musen,
Dass die Welt mich Dichter nennt?
Keiner frägt, wie mir im Busen
Sorge tief und Sehnsucht brennt.

Dichterlos:
Für alle muss vor Freuden
Mein treues Herze glüh'n,
Für alle muss ich leiden,
Für alle muss ich blüh'n,
Und wenn die Blüten Früchte tragen,
Da haben sie mich längst begraben.

Morgenstunde ist die stille Saatzeit der Gedanken.

Wo ein Begeisterter steht, ist der Gipfel der Welt.

… viel Denken ist bedenklich, denn es stört die Verdauung.

Ich aber bilde mir ein, aus jungen Philistern werden alte Philister, und wer dagegen einmal wahrhaft jung gewesen, der bleibt's zeitlebens.

Gute Sachen wollen zur guten Stunde gelesen sein.

Es wird zwei verschiedene Rassen in der Gesellschaft geben, die gebildete und die ungebildete, die niemals fraternisieren (sich verbrüdern) können, weil sie sich wechselseitig genieren, und das Genie mit keinem von beiden, denn es heißt eben Genie, weil es sich niemals geniert, sondern nur alle anderen.

5. Heinrich Heine,
der satirisch – aggressive Grufti
(1797–1856)

AUS DEM LEBEN VON HEINRICH HEINE

Der Geburtsort des Harry Heine Düsseldorf, ist bekannt, das Geburtsdatum, der 13. Dezember 1797, nur wahrscheinlich zu machen. Er entstammt einer alten jüdischen Tuchhändlerfamilie. Vater Samson Heine und Mutter, Betty geb. van Geldern, haben gemeinsam vier Kinder. Harry als jüngster Sohn, besucht ab 1803 erst eine israelitische Privatschule und ab 1804 mit Öffnung christlicher Bildungseinrichtungen für Juden, die städtische Grundschule und anschließend das Düsseldorfer Lyzeum, das heutige Görres-Gymnasium. Ohne Abschlusszeugnis wechselt er 1814 auf eine Handelsschule, um Kaufmann zu werden.

Das Land steht durch den Einmarsch Napoleons unter französischer Herrschaft, wodurch die Juden durch den Code civil den Nicht-Juden gleichgestellt sind. Harry lernt aber trotzdem das jüdische Ghetto kennen in Frankfurt am Main, wo er in einer Bank arbeitet, die Freimaurerloge besucht, 1816 das gleiche bei seinem Hamburger Onkel Salomon, der ihn als Millionär ein Leben lang unterstützt, obwohl er wenig Verständnis für dessen literarische Interessen aufbringt: „Hätt' er gelernt was Rechtes, müsst' er nicht Bücher schreiben," so seine Meinung.

Erste Versuche, Verse zu schreiben, beginnt er in seiner Lyzeumszeit, dann veröffentlicht er erste Gedichte im „Hamburger Wächter" 1817. Heine bringt weder Neigung noch Talent für Geldgeschäfte mit, so dass auch sein Tuchgeschäft, was der Onkel ihm eingerichtet hat, in Insolvenz geht, weil sein „Inhaber" sich lieber der Dichtkunst widmet und der Liebe zu seiner Cousine Amalia nachspürt. Es entsteht das „Buch der Lieder". Heine drängt auf ein Studium und beginnt in Hamburg und später in Bonn mit der Rechts- und Finanzwirtschaft, was ihn wenig interessiert. Viel lieber hört er Vorlesungen über die „Geschichte der deutschen Sprache und Poesie" von A. Wilhelm Schlegel, der als Romantiker starken Einfluss auf ihn ausübt, später auch von Ernst Moritz Arndt.

Er übersetzt den romantischen englischen Dichter Lord Byron ins Deutsche, beleuchtet die Ansichten sehr kritisch, ja oft spöttisch. Dann 1820/21 besucht er Vorlesungen über deutsche Geschichte in der „rückständigen Universität Göttingen" bei Sartorius, wo er die Bewohner einteilt in Studenten, Professoren, Philister und Vieh, wobei der „Viehstand der bedeutendste ist". Sehr sarkastisch und provokant äußert er sich zu den „unbedeutenden Ständen" und wundert sich, „wie Gott nur so viel Lumpenpack erschaffen konnte". Hier hat Heine sich eine Geschlechtskrankheit in einem Bordell zugezogen und wird wegen weiterer Vergehen von der Universität suspendiert. Daraufhin wechselt er zur Berliner Universität 1821 bis 1823, hört Hegel und andere. Er schreibt Gedichte, die Tragödien: „Almansor" und „William Ratcliff". Die starke Auseinandersetzung mit dem Judentum bewirkt 1825 den Übertritt zum Christentum. Er wird in Heiligenstadt auf den Vornamen Heinrich getauft.

Eine Auseinandersetzung mit dem Grafen Platen, dessen Dichtung er als steril kritisiert und dessen Homosexualität er öffentlich macht, bringt Heine zu recht in Misskredit und stürzt ihn ins Unglück bei König Ludwig II. von Bayern, so dass er weder eine Professur noch eine Anstellung in München als Jurist erhält. Nun will er sein Geld als freischaffender Schriftsteller verdienen, sein Gedichtband „Dreiunddreißig Gedichte" erscheint, darunter die „Loreley".

Während seiner Harzreise sucht er Goethe in Weimar auf, der ihm höflich-distanziert begegnet.

Heine überwindet seinen romantischen Ton und macht sich sogar über sentimentale-romantische Naturergriffenheit lustig. Seine Texte, die gesellschaftlich satirisch und politisch aggressiv sind, werden zensiert, auch als er 1827 Redakteur in München wird. 1841 heiratet er Caecilie Eugenie Mirat und hat Verbindung zu Karl Marx, der politischen Einfluss auf ihn ausübt und seine Weltanschauung korrigiert. Es erscheinen „Die schlesischen Weber" sowie „Deutschland, ein Wintermärchen".

„Den Doktoren der Revolution", so Marx, gehöre die Zukunft. Dieser Meinung schließt er sich an.

Ab 1846 hält er sich im Exil in Paris auf, wo er ans Bett gefesselt ist und seine Stimmung von Wehmut, Verzweiflung, Charakterstärke bis zum heldenhaften Kampf wechselt.

Trotz eigenem Gebrechen lenkt er seinen Blick in die Zukunft der deutschen Kultur.

1856 stirbt er nach 10 Jahren in seiner „Matratzengruft" im Exil in Paris.

HEINRICH HEINES SPOTT UND IRONIE

Heinrich Heine – ein Genie,
sein Leben Spott und Ironie.
Humor hat Heine nicht gehabt,
stets auf Distanz, wenig gelacht.

Das engagierte Sein mit dem Gegebenen
war ihm zu ernst gegenüber Lebenden.
Es widerstrebte seiner Natur,
deshalb verbannte er den Humor.
Dagegen bevorzugt er spöttischen Witz,
Ironie und Satire nahmen Besitz.

Als Autor des „Buches der Lieder",
war er noch melancholisch und bieder,
doch danach tobt die Angriffslust,
mit großem Vergnügen in seiner Brust.
Er spitzte die Pfeile für alles und alle,
selbst die Liebe war für ihn eine Falle.

Leben ist im Schönen erfüllte Sinnlichkeit,
prinzipientreue Charakterfestigkeit.
Hier stimmt er mit Nietzsche überein,
konnte nicht einig mit Schiller sein.
Der Widerspruch: Lebensfreude einerseits
gegen asketische Entsagung andererseits.

Bei Heine fanden romantische Lieder
sich in realen Grenzen wieder.
Er überwindet mit ironischem Geschick
in der „Harzreise" den verklärten Blick der Romantik.
Er konnte die Landschaft mit Menschen verbinden,
mit kritischer Schärfe und lyrischem Empfinden.

Für ihn war das antike Griechentum
gleichfalls christliche und jüdische Tradition.
Nicht Utopie und Diesseitsreligion,
ihn interessierte die Marx'sche Revolution
Selbst die hohe Schule der Philosophie,
den Weltlauf beschrieb er mit Ironie.

Den griechischen Einfluss hat Hegel geprägt,
den Grundstein zur Demokratie gelegt,
der die Ausbeutung der Armen kritisiert
was zu revolutionären Kämpfen führt.
Er ist in Paris Karl Marx begegnet,
der hat ihm den Weg in die Richtung geebnet.

Heine hat der Mitwelt den Stachel gesetzt,
bevor man ihn mit dem Stachel verletzt.
Goethe galt für ihn als vollendet,
Homer und Shakespeare haben Personen gesendet,
denen sie Wichtiges sprechen lassen,
die klein aber wichtig in all ihren Phasen.

Das Vergnügen an Heines spezifischer Art,
es wurde an hintergründ'gem Ernst nicht gespart,
Er zählt nicht zu den klassischen Humoristen,
eher zu den engagierten Ironisten.
Spät endet er in skeptischer Resignation,
über das eigene Schicksal erhob er sich schon.

Nach dem Schlag verlor er die Angriffslust,
gefesselt in seiner „Matratzengruft".
Das letzte Wort war leidvoll sarkastisch,
sein eigenes Schicksal bitter und drastisch.
Sein Leben, einst voll von Melancholie,
wandelte sich in revolutionäre Utopie.

Erkenntnisse, die ihn mit den Menschen verbanden:
wir alle sind lachende Komödianten.

DER VERGNÜGLICHE HEINE

Lassen wir Heinrich Heine in seiner vergnüglich – satirischen oder spöttischen Art selbst zu Worte kommen:

Das Fräulein stand am Meer
Und seufzte lang und bang,
Es rührte sie so sehr
Der Sonnenuntergang.

Mein Fräulein, sein Sie munter
Das ist ein altes Stück;
Hier vorne geht sie unter
Und kehrt von hinten zurück.

Stolzer Vogel Phoenix

Das Glück
Das Glück ist eine leichte Dirne,
Und weilt nicht gern am selben Ort.
Sie streicht das Haar dir aus der Stirne
Und küsst dich rasch und flattert fort.

Frau Unglück hat im Gegenteil,
Dich liebefest ans Herz gedrückt;
Sie sagt, sie habe keine Eile,
Setzt sich zu dir ans Bett und strickt.

Guter Rat:
Wirf dein Geld den Musikanten,
Denn die Fidel macht das Fest,
Küsse deine Schwiegertanten,
denkst du gleich: Hol euch die Pest!

Was Prügel sind, das weiß man schon, was aber Liebe ist,
das hat noch keiner heraus gebracht.

Wo das Weib aufhört, fängt der schlechte Mann an.

Hat versalzen dir die Suppe
Deine Frau, bezähm' die Wut,
Sag ihr lächelnd: süße Puppe,
Alles, was du kochst ist gut.

Wirst du diesen Rat erproben,
Dann, mein Freund, genießest du,
Einst das Himmelreich dort oben,
Und du hast auf Erden Ruh'.

6. Wilhelm Busch,
das humoristische Zeichentalent
(1832–1908)

AUS DEM LEBEN VON WILHELM BUSCH

Wilhelm Busch hat versucht, seinen Lebenslauf kurz als Gedenk-Gedicht zu seinem 75. Geburtstag, der der letzte sein sollte, auf zu schreiben:

„Mein Lebenslauf ist bald erzählt.
In stiller Ewigkeit verloren,
schlief ich, und nichts hat mir gefehlt,
Bis dass ich sichtbar ward geboren."

In dem Jahr als Goethe starb, da wird Wilhelm Busch am 15. April 1832 in Wiedensahl, einem kleinen Dorf bei Hannover als erstes von sechs Geschwistern, die alle die Kinderzeit überlebten, geboren. Für den Vater, der Kaufmann Friedrich Wilhelm und die Mutter Henriette Dorothee Charlotte Busch geb. Kleine wurde das Haus zu eng, so dass es Wilhelm mit 9 Jahren verlassen musste, wohl auch, um dem Sohn eine bessere Bildung zukommen zu lassen, die er in der überfüllten Dorfschule nicht haben konnte. Er zieht zu seinem Onkel, dem Pastor Georg Kleine, nach Ehegötzen bei Göttingen, der auch den Privatunterricht übernimmt. Er selbst ist ein empfindsames, ängstliches, zartes Kind, das fasziniert und zugleich mitleidig reagiert, als Haustiere im Dorf geschlachtet werden. Er ekelt sich ein Leben lang vor Schweinefleisch. Sein bester Freund, Erich Bachmann, der Sohn eines wohlhabenden Müllers, wird später der Max in seiner ersten Geschichte mit breitem Gesicht.
Busch besteht die Aufnahmeprüfung für die polytechnische Schule in Hannover, um nach dem Willen des Vaters Maschinenbau zu studieren, obwohl schon als Kind die Begabung für das Zeichnen und Malen sichtbar ist. Deshalb wechselt er 1851 an die Kunstakademie Düsseldorf, um Maler zu werden. Nur kurze Zeit hält es ihn in dem nüchternen, akademischen Betrieb, dann wechselt er an die Königliche Akademie der schönen Künste in Antwerpen, um den flämischen und holländischen Meistern des 16. und 17. Jahrhunderts nahe zu sein.

Er erkrankt 1853 an Typhus und kehrt, um gesund zu werden, ins Elternhaus zurück. Danach sammelt er Volkslieder, Sagen und Märchen, um sie auf zu zeichnen und zu veröffentlichen. Er wechselt nach München an die Akademie der Künste und schließt sich dem Künstlerverein „Jung – München" an. Hier arbeitet er für die „Fliegenden Blätter", eine humoristische Zeitschrift, schreibt Gedichte und gestaltet Zeichnungen.

So entsteht 1865 seine erste Bildergeschichte „Max und Moritz", die ihn berühmt macht. Viele weitere Bildergeschichten entstehen, bis er 1868 nach Frankfurt zu seinem Bruder Otto zieht. Hier lernt er die Werke Kants, den Pessimismus Schopenhauers und Johanna Keßler als eine verständnisvolle Freundin kennen. Er verinnerlicht ein zutiefst pessimistisches Welt- und Menschenbild, jenes humorige Bild, das im Ausland als typisch deutscher Humor angesehen wird.

Nach dem Tod seines Schwagers, kehrt er ins Geburtshaus nach Wiedensahl zu seiner Schwester Fanny zurück und übernimmt die Vaterrolle für seine drei Neffen. Nach 20 Jahren zieht er mit seiner Schwester nach Mechtshausen am Harz (bei Seesen) zu seinem Neffen Otto Nöldecke, der hier als Pfarrer tätig ist. Es entsteht die Gedichtsammlung „Zu guter Letzt".

Busch selbst hat nie geheiratet, er stirbt im Kreise seiner Familie am 9. Januar 1908 in verschneiter Landschaft in Mechtshausen.

Einige Biographen sehen in der frühen Entfremdung von den Eltern den Grund für Buschs späteres „eigenbrötlerisches Junggesellentum". Schon zu Lebzeiten ist er berühmt, das zeigen Gedächtnisausstellungen in seiner Heimat und darüber hinaus.

Wilhelm Buschs Heiterkeit

Wie Wilhelm Busch nun einmal ist,
ein pessimistischer Humanist.
Sein Leben war Versuch,
das Hirn zu öffnen wie ein Buch.
Hat ihm dieses schon genügt,
war er wirklich selbst vergnügt?

Als Goethe seine Augen schloss,
erblickt im kleinen Dorf ein Spross
das helle Licht der Welt,
zu dem er sich dazu gesellt,
Ein Mensch, der Deutschen Lachen lehrt,
hat Spießbürger treffend karikiert.

Busch studierte Malerei zuvor,
an Unis lehrt man nicht Humor,
deshalb hört er auf Schopenhauer,
der streng fiktive Welterbauer,
der Kant zu Buddhas Weisheit bringt,
der Streit uns eher zum Lachen zwingt.

Insofern ist der Busch sogar,
ein Philosoph mit Haut und Haar.
Er stürzt sich als Münchner Journalist
mit „Fliegenden Blättern" und mit List,
mit triebgebundener Natur, in Gedicht und Karikatur,
ins „Versteckespiel der Weltliteratur".

So tauchten „Max und Moritz" auf,
die Welt nahm sie mit viel Applaus.
Selbst Siegmund Freud fand diese Klasse,
schmückte das Wartezimmer seiner Wiener Gasse.
In 10 Sprachen sofort übersetzt
und heute die ganze Welt vernetzt.

Busch wäre wohl ein reicher Mann,
hatte leider geringen Anteil daran.
Beschäftigte sich mit dem Bösen seitdem,
die Theorie des Bösen war sein Problem.
Mit Vater Augustinus schloss er den Bund
und fand als Skeptiker den Grund.

„Das Gute – dieser Satz steht fest –
Ist stets das Böse, was man lässt"
„Wir taugen alle auf der Welt nicht"
so seine Welterkenntnis.
Der Grübelgeist war früh geboren,
als Pfarrersohn ging er an Kant verloren.

Seine „philosophische Erkältung" führte ihn,
schließlich auch zu Darwin hin.
Der Unergründbarkeit des tiefen Sinns der Welt
hat er Selbstironie und Humor entgegen gestellt.
Er suchte eine Ausgangstür,
nahm Mystik und innere Wahrheit dafür.

Ein Mann mit bürgerlichem Mut,
kritisiert Gesellschaft mit Vollbart und Hut.
Im Umgang gar nicht zimperlich,
er selbst sah sich eher zögerlich.
Sein Schreiben dagegen einfach und klar,
viel einfacher als er sein Leben sah.

Er hatte Vergnügen nicht an Frauen,
zu Heiraten konnte er sich nicht getrauen,
lebte in Stille und Abgeschiedenheit,
die 3 Neffen als Vater, dazu war er bereit.
„Der Ruhm war ihm eine Schwindelware,
hält selten über tausend Jahre".

Frei und unabhängig ein Leben zu führen,
Dichten und Malen, Briefe, Lektüren,
seine kleine Welt, als Millionär sehr bescheiden,
mit 64 wollte er nicht mehr schreiben.
Ein riesig' Werk eines „Maler Klecksel",
der den Garten liebte im Jahreszeit-Wechsel.

Der Glaube war Liebe für Buschs wachen Geist,
von Gott bis zur Mystik ist er oft gereist:
„Bald holterpolter, wie gerädert
In einem Wagen, der nicht federt,
Bald sanft, wie im Automobil,
So kam er an sein Lebensziel".

Sein Leben ein Beispiel der Selbstironie,
So sah ihn die Welt und so sah er sie.

Buschs Achtsamkeit

Busch's Geistesblitze

Lassen wir ihn, „den Zeichner, heimlichen Landschaftsmaler und Dichter für alle Lebenslagen sowie bitterbösen
Satiriker", wie ihn der „Münchner Merkur" nannte, noch
einmal in seiner vergnüglichen Art, selbst zu Worte kommen:

Die Tätigkeit des Blumenkohl – ähnlichen Gehirns pflegt
man Geist zu nennen.

Rotwein ist für alte Knaben
Eine von den besten Gaben.

Wir mögen keinem gerne gönnen,
Dass er was kann, was wir nicht können.

Viel besser als ein guter Wille,
Wirkt manchmal eine gute Pille.

Der kürzeste Heiratsantrag in der Literatur stammt von
ihm – Wilhelm Busch:
Mädchen – spricht er – sag mir ob
Und sie lächelt: Ja, Herr Kopp!

Es ist ein Brauch von alters her:
Wer Sorgen hat, hat auch Likör
(Aus der „Frommen Helene")

Und wie das mit Recht geschieht,
Auf die Kunst folgt der Profit
(Aus „Plisch und Plum")

Lachen, so das Fazit bei Busch, ist immer ein Verladen:

O, weh! Ich war im Kreis gelaufen,
Stand wiederum am alten Platze,
Und vor mir dehnt sich lang und breit,
wie ehedem die Ewigkeit.

Man ist ja von Natur kein Engel,
Vielmehr ein Welt- und Menschenkind.
Und ringsumher ist ein Gedrängel
Von solchen, die dasselbe sind.
(Aus „Zu guter Letzt".)

Ein Haar in der Suppe missfällt uns sehr,
Selbst wenn es vom Haupt der Geliebten wär'.

Bemüh dich nur und sei hübsch froh,
Der Ärger kommt schon sowieso.

Mit dem Bezahlen wird man das meiste Geld los.

Um Neid ist keiner zu beneiden.

Der Künstler fühlt sich stets gekränkt,
wenn's anders kommt, als wie er denkt.

Busch – Gedichte

Sokrates, der alte Greis,
Sagte oft in tiefen Sorgen,
„Ach, wie viel ist doch verborgen,
Was man immer noch nicht weiß".

Und so ist es. – Doch indessen
Darf man eines nicht vergessen:
Eines weiß man doch hienieden,
Nämlich, wenn man unzufrieden. –

Beschränkt

Halt dein Rösslein nur im Zügel,
Kommt ja doch nicht all zu weit.
Hinter jedem neuen Hügel
Dehnt sich die Unendlichkeit.
Nenne niemand dumm und säumig,
Der das Nächste nicht bedenkt.
Ach die Welt ist so geräumig,
Und der Kopf ist so beschränkt.

Ach! – spricht er –die größte Freud
Ist doch die Zufriedenheit!

„KRITIK DES HERZENS"

Wirklich, er war unentbehrlich!
Überall, wo was geschah.
Zu dem Wohle der Gemeinde,
er war tätig, er war da.

Schützenfest, Kasinobälle,
Pferderennen, Preisgericht
Liedertafel, Spritzenprobe,
ohne ihn da ging es nicht.

Ohne ihn war nichts zu machen,
keine Stunde hatt' er frei.
Gestern, als sie ihn begruben,
war er richtig auch dabei.

7. CHRISTIAN MORGENSTERN, DER SCHELMENHAFTE, VERDREHTE POET (1871–1914)

AUS DEM LEBEN VON CHRISTIAN MORGENSTERN

In eine wunderschöne, parkähnliche Umgebung mit glücklichen, fröhlichen Eltern wird Christian am 6. Mai 1871 in eine heile Welt hinein geboren. Sein Vater, Carl Ernst Morgenstern, Sohn eines Landschaftsmalers und selbst Landschaftsmaler, die Mutter Charlotte Scherter, ebenfalls Tochter eines Landschaftsmalers, sind gut situiert.

Er verbringt ungetrübte Kinderjahre voller heiterer Geselligkeit, die durch die Tuberkulose-Erkrankung der Mutter plötzlich getrübt werden. Der kleine Christian aber empfindet die Kur-Reisen nach Tirol, in die Schweiz, das Elsass schon als 3 und 4 Jähriger und später nach Bayern, Schlesien, ins Riesengebirge als interessant und angenehm. Die stil- und liebevolle Erziehung unter Einbeziehung der Natur bestimmen sein späteres unmittelbares Verhältnis zur Natur, auch als er mit 10 Jahren die Mutter verliert. Für ihn ein schrecklicher Schlag und das Ende des sonnigen Lebens. Fortan begegnet er auf dem Internat in Landshut „feindlichen Gewalten", die er so nicht gekannt und die ihm oft die Kräfte rauben. Nach 2 Jahren ist er wieder beim Vater in Breslau, bricht aber die begonnene Offizierslaufbahn ab. Weitere 2 Jahre lebt er in Sorau bis zum Abschluss des Gymnasiums. Der Vater ermöglicht ihm das Studium der Nationalökonomie in Breslau und München. Hier kommt seine Lungentuberkulose zum Ausbruch und raubt ihm die geistigen Kräfte, die er vor allem jetzt für die Philosophen Kayssler, Nietzsche und Schopenhauer benötigt, die dann erneut durch Ibsen stimuliert werden. Nun studiert er Jura, Kunstgeschichte und Philosophie, seine Wunschfächer, und siedelt mit 23 Jahren nach Berlin über, um die Zeitschrift „Theater" heraus zu geben.

Nachdem er die Beziehung zu seinem Vater abgebrochen hat, widmet er sich mit 35 Jahren der Natur und den Menschen, d. h. er hat eine humanistisch, kulturkritische Grundhaltung eingenommen, tendiert wegen mangelnder Gesundheit und fehlender Mittel zur theosophischanthroposophischen Auffassung Rudolf Steiners hin, sieht ihn als „großen spirituellen Forscher" an und folgt ihm. Er begegnet seiner späteren Ehefrau Margareta Gosebruch von Liechtenstein, die er 1910 heiratet.

Zahlreiche Dichtungen, Übersetzungen und Theaterstücke entstehen unter der geistigen Einflussnahme Steiners. Nach zahlreichen Kuren in Italien und in der Schweiz stirbt Morgenstern am 31. März 1914 in Meran.

Er hält bis zum Tod der „Anthroposophischen Gesellschaft" und seinem Freund Steiner die Treue.

Christian Morgensterns erzähltes Leben

Morgenstern war kreativ,
mehr verrückt als positiv.
Obwohl die Worte er verdrehte,
anfangs nicht viel hielt von Goethe,
war auch der Worte Sinn entstellt,
was Literaten nicht gefällt.

Erfindet neue Worte und Gedichte,
„Fisches Nachtgesang" und „Die Bierkirchen"-Geschichte,
wie Mondschaf, Gingganz, Nasobem,
von verschiedenen Tieren, auch obszön.
Ist einer mit dem Siegel Witzbold versehen,
kann kaum noch Ernsthaftes mit ihm geschehen.

Die Verse verbreiten Frohsinn, Humor,
doch Gegenstände sind Tier und Tor.
Hat sich versucht als Dramaturg und Kommentator,
ihm selbst und anderen kam es komisch vor.
Als Philosph hätt' er gern sich gesehen,
hatte mit Nietzsche und Schopenhauer sein Problem.

Bevor er die Jämmerlichkeit des Irdischen erfahren
und das bereits in jungen Jahren,
war er vom Jenseitigen, Unsag- und Unfassbaren motiviert,
vor allem hat er auf Lagard reagiert,
bis er früh zum Mystizismus fand,
Anthroposoph Steiner nahm ihn an die Hand.

Sein Glaube ans Jenseits, Romantik-Tendenz,
Aphorismen und Komik als Konsequenz.
Er liebte die Weisheit der Naiven, die Klugheit der Toren,
er glaubte als Weltverbesserer geboren.
Das Ziel seines Lebens hat er nie erreicht:
Humor als äußerste Freiheit des Geist's.

Trotz allem hallten Töne ins neue Jahrhundert
sie wurden nicht von der Klassik bewundert.
Er beneidet den Luther, geht der Sprach' auf den Grund,
schaut dem Volk aufs Maul, nicht auf den Mund.
Er liebte die Menschen, sein Weib, die Natur,
im Dienste des Lebens, auf der Wahrheits Spur.

Bürgerlicher Stolz, schelmenhaftes Provozieren,
seine Art Humor, die Gesellschaft zu stimulieren.
Er hat sich als Wirrkopf ein Denkmal gesetzt,
zum Glück hat er niemand ernsthaft verletzt.

Pfauen-Fisch

Vergnügliche Aussprüche Morgensterns

Beim Dialekt fängt die gesprochene Sprache erst an.

Die beiden Esel
Ein finstrer Esel sprach einmal
zu seinem ehelichen Gemahl:
Ich bin so dumm, du bist so dumm,
wir wollen sterben gehen, Kumm!

Doch wie es kommt so öfter eben;
Die beiden blieben fröhlich leben.

Der Rock
Der Rock, am Tage angehabt,
er ruht zur Nacht sich schweigend aus;
durch seine hohlen Ärmel trabt
die Maus.

Palma Kunkel sagt: aus „Die Nähe" aus Wort-Kunst:
Doch sie weiß zugleich auf Erden,
sind die Menschen erst im Werden.
Müssen erst noch lange reifen,
eh' sie Gott und sich begreifen.

Das ästhetische Wiesel

Ein Wiesel
saß auf einem Kiesel
inmitten Bachgeriesel

Wisst ihr weshalb?

Das Mondkalb
verriet mir
im Stillen:

Das raffinier-
te Tier
tat's um des Reimes willen.

Das Nasobem

Auf seinen Nasen schreitet
einher das Nasobem,
von seinem Kind begleitet.
Es steht noch nicht im Brehm.

Es steht noch nicht im Meyer.
Und auch im Brockhaus nicht.
Es trat aus meiner Leyer
zum ersten Mal ans Licht.

Auf seinen Nasen schreitet
(wie schon gesagt) seitdem,
von seinem Kind begleitet,
einher das Nasobem.

8. Joachim Ringelnatz, das seemännische Filou (1883–1934)

Aus dem Leben von Joachim Ringelnatz

Das Leben hat es nicht immer gut mit ihm gemeint, obwohl er am 7. August 1883 in Wurzen bei Leipzig in einer gutbürgerlichen Familie zur Welt gekommen ist als Sohn des Zeichners und Schriftstellers Joachim Hans Bötticher. Schon als Kind fühlt er sich wegen seines Aussehens zurück gesetzt und leidet unter seinem unproportionierten Gesicht mit großer Nase.

Er ist kein guter Schüler, schafft mit großer Mühe den Abschluss der Realschule mit 18 Jahren. Seine Abenteuerlust treibt ihn bereits jetzt dazu, als Seemann anzuheuern. Nach 3 Jahren kehrt er resigniert und mittellos nach Hause zurück, absolviert eine Lehre als Kaufmann und arbeitet danach in verschiedenen Bereichen in Leipzig und Frankfurt am Main.

Eine Wanderschaft nach England scheitert, auch die folgenden sonderbaren Berufe als Bibliothekar, Buchrestaurator, Fremdenführer, Hausmeister, Obst- und Gemüsehändler, Schlangenbändiger, Tabakhändler und Werbetexter befriedigen den umtriebigen, abenteuerlustigen, jungen Mann, der mit vielen Talenten ausgestattet ist, nicht.

Er muss wieder zur See fahren und dichten d. h. Seemannsgarn spinnen. Er ist ein Weltenbummler mit unbändiger Phantasie und einem Drang zum Schreiben: nicht nur die große, weite Welt, nein auch die Hafenspelunken mit dem schiefen, entbehrungsreichen Leben, das er lebt, bilden den Inhalt. Er bezeichnet sich als „schief ins Leben gebaut und immer schief gelaunt". Als selbsternannter „Nasenkönig" leidet er an Selbstwert-Störungen und verschreibt sich dem Kabarett und „bedichtet" alles, schreibt in München für den „Simplizissimus".

Er ist Exzentriker, ob in seinen Reimen oder in seinem Vokabular, das von einem ergreifend zärtlichen Ton bis hin zu einer erstaunlichen Fäkalsprache reicht. Er ähnelt einem tiefsinnigem Clown, der komisch wirkt und sagt: „Vergessend, dass Spaß die tiefsinnige Art von Ernst sein kann, denn der lacht ja nicht, weil er lustig, sondern obwohl er traurig ist".

DER VERWIRRTE RINGELNATZ

Ringelnatz war ein Filou
mit seinem Kuttel Daddeldu.
Wer hinter diesem Seemann steckte,
war Ringelnatz, der Leute neckte.

Er war als Mensch sehr ungestüm,
auch dieses war ein Pseudonym.
Er war Hans Bötticher, der Reiber,
der schlüpfte in sehr viele Leiber.

Nicht um Berufe wollt' er streiten,
es waren „temporäre Handgreiflichkeiten".
Sie waren von einer Vielfalt geprägt,
bis ein dichtender Seemann im Meer sich bewegt.

Er reist um die Welt völlig ungebunden,
hat damit seine Bestimmung gefunden.
Beim Lernen, Arbeiten und Studieren,
konnte er leider wenig brillieren.

Das Meer war die Schule des Lebens für ihn,
das Parkett fürs Schreiben und für Clownerien.
Er schrieb Wichtiges und Banales,
auch über Vulgäres und Fatales.
Er liebte die kleine Prosaform,
sprengt in der Lyrik jede Norm.

Er lachte nicht, weil er lustig war,
er lachte, weil er Traurigkeit sah.
Er stand oft im Widerspruch mit sich,
die Lust am Verwirrspiel war koboldisch.

Armut und Hunger waren für ihn
eine häufige und eigene Disziplin.
Doch auch als er groß war, gar nicht bescheiden,
wollt' er in schalkhafter Unordnung bleiben.

Phantasiegeschichten, zu oft gelogen,
die aus dem Meer hatten gar keinen Boden,
trinkfeste Matrosen, die Huren, das Meer,
Hafenspelunken, Bordelle, vulgär,
so war er gemieden, als Mensch schief gebaut,
nicht sehr gelitten und meist schlecht gelaunt.

Er wundert sich selbst über seinen Erfolg,
den er verschwieg, aber immer gewollt.
Sein Leben war Widerspruch in sich,
er war kein Witzbold, doch urkomisch und frisch.

Ringelnatz' Erkenntnis für jedermann:
Vergesst nicht, dass Spaß eine Art Ernst sein kann.
In dieser Hinsicht gleicht er schon
einem lustigen, aber tiefsinnigen Clown.

Multipel war die Persönlichkeit,
mit vielen Seelen in der Brust,
doch war er stets zum Ulk bereit,
phantasievoll und bewusst.

Er liebte schon das Abenteuer,
dazu die weite Welt,
den Kampf mit manchem Ungeheuer,
tat das, was im gefällt.

Grimmelshausen hat in ihm gewirkt
und zum „Simplizissimus" geführt,
so dass er sein Profil gewann
als Kabarettist Ideen ersann.

Er war glücklich, doch nur allein,
ein einzig mal wollt' er beneidet sein.

In den Fängen der Krake

Joachim Ringelnatz' lustige Gedichte:

Die Ameisen
In Hamburg lebten zwei Ameisen,
die wollten nach Australien reisen.
Bei Altonna auf der Chaussee,
Da taten ihnen die Beine weh,
Und da verzichteten sie weise,
denn auf den letzten Teil der Reise.

So will man oft und kann doch nicht,
Und leistet dann recht gern Verzicht.

Ein Liebesnacht – Wörtchen
Ja – ja! – ja!! – ja!!!
Du hast so süße Höschen.
Nun sind wir allein. Und es ist Nacht.
Ach hätte ich dir doch ein Röschen
mitgebracht.

Warum der Storch wohl so was dachte?
Ein Taschenkrebs und ein Känguruh,
Die wollten sich ehelichen.
Das Standesamt gab es nicht zu,
weil beide einander nicht glichen.

Da riefen sie zornig: „Verflucht und verdammt,
Sei dieser Bürokratismus!"
Und hingen sich auf vor dem Standesamt
an einem Türmechanismus.

9. Immanuel Kant,
der feine humanistische Hypochonder
(1724–1804)

Aus dem Leben von Immanuel Kant

Die Denkweise eines Menschen wird oft schon in der Kindheit durch die Familie geprägt, so auch bei dem kleinen Immanuel, der als viertes von elf Kindern eines Sattlermeisters in Königsberg am 22.4.1724 geboren wurde. Die Eltern hatten eine besondere Beziehung zur lutherischen Kirche, lebten eine freie, gefühlsbetonte, persönliche Frömmigkeit mit direktem Kontakt zu Gott ohne Kirchenbindung, nur auf die Menschlichkeit gerichtet. Im Pietismus gewinnt die Persönlichkeit des Einzelnen einen hohen Stellenwert – das fromme Subjekt. Und so wurde Immanuel erzogen. Dies war bestimmend für seine Zuwendung zum Menschen, seine Philosophie der Humanität. Seine Geburtsstadt hat er sein Leben lang nicht verlassen. Nach dem Besuch einer pietistischen Schule, dem Studium an der Königsberger Universität, ist er zuerst Hauslehrer, bis er als Dozent an die Universität zurück geht und hochgeschätzte Vorlesungen und Seminare in bildhafter Sprache abhält. Eine Fremdberufung nach Jena und Erlangen lehnt er ab. Mit 46 Jahren erhält er den gewünschten Lehrstuhl für Philosophie, Logik und Metaphysik, wobei er sich vor allem mit den Themen: Gott, Freiheit und Unsterblichkeit der Seele, der Vernunft, den Stärken und Schwächen der Menschen beschäftigt. Er selbst, ein Pedant an Exaktheit und Pünktlichkeit, der dem Humor zwar beim Besiegen der Angst und düsterer Gedanken eine Chance gibt, aber selbst nicht lachen kann. Er sympathisiert mit der Französischen Revolution, favorisiert aber den Weg der Aufklärung als sicheres und vernünftiges Mittel von Reformen. Der Wahrheit, als Produkt des Verstandes, der Sittlichkeit und des Willens sowie der Schönheit des Geschmackes, gibt er stets den Vorrang.

Seine Erkenntnis, dass der Mensch durch Wissen zum Glauben gelangen soll und den sittlichen Gesetzen unterliege, wird als „Kategorischer Imperativ" verstanden. Kant ist introvertiert, begibt sich aber gern und oft in Gesellschaft, erzählt hier und auch seinen Studenten interessante Geschichten, so wie er selbst Anlass für viele Anekdoten gibt.

Für die Ehe kann sich der umständliche Kant nicht entscheiden, „weil Männer dadurch ihr jugendliches Aussehen einbüßen". Kant liebt keine Belustigungen, keine Schwärmereien, er ist gutmütig, äußert sich freimütig, kleidet sich anständig bürgerlich mit Hut und ist der Meinung, dass die Leidenschaft durch Vernunft schwer zu besiegen ist. Für die Medizin sei wichtig, dass „ein empirischer Kopf alle Umstände und Verknüpfungen zur Diagnose führe". Kant zählt zu den wichtigsten Vertretern der klassischen deutschen Philosophie, der die Periode der Aufklärung abschließt und den deutschen Idealismus begründet und anderen Philosophen den Weg weist. Mit 73 Jahren gibt er seine Lehrtätigkeit auf und schläft zufrieden im 80. Lebensjahr ein.

War Immanuel Kant vernünftig?

Kant – das Genie aus Königsberg,
ein Großer, der das Mensch – Sein lehrt.
Des Menschen Geist, Seele und Verstand
er zum Begriff der Humanität verband.
Ein Leben treu in Königsberg
schuf er hier ein gigantisch Werk.

Mit nordischem Ernst und Genialität,
gibt er der Wissenschaft Humanität.
Nach Platon und Aristoteles,
dem großen Denker Sokrates,
ist er der Anwalt von Gesetz und Pflicht,
ohne menschliche Neigung funktioniert das nicht.

Äußere Dinge erregen Gefühl,
doch Vergnügen und Leidenschaft sind das Ziel,
das der Mensch aus eigenem Willen wählt,
was als Erhabenes und Schönes zählt.
Die Wissenschaft ist erhaben und mächtig,
das Schöne ist heiter, lustig und prächtig.

Das Erhaben ist groß und rührt,
das Schöne reizt und verführt.
Während ersteres zum Edlen neigt,
das zweite zu Glück und Heiterkeit.
Einbildungskraft und Regellosigkeit
nähren des Genies Fruchtbarkeit.

So lässt sich der Mensch durch Empfindungen leiten,
in Gemeinschaft stark, doch einzeln bescheiden.
Zur kritischen Philosophie gehört Heiterkeit,
in der menschlichen Natur die Besonderheit.
Diese Frage zu lösen, ja, erstmals zu stellen,
dazu bedurft es der griechischen Quellen.

Kant hat über Gott und die Welt gegrübelt,
war sichtlich vergnügt und oft ein geigelt,
hat Shakespeare als Genie angesehen,
die Leistung gewürdigt als erhaben und schön.

Genies sprengen Fesseln als Phantasten,
Symbole der erhab'nen Enthusiasten.
Genies sind nachlässig, oft regelwidrig,
ein Mensch, der seine Begierde befriedigt,
der sich aber klug zu beherrschen weiß,
in jungen Jahren, erst recht als Greis.

Jeder Mensch unterliegt Träumereien,
der Plan des Lebens kann alles verzeihen,
sein Inhalt kennt Glückseligkeit,
Ehre und Geschicklichkeit,
doch es verführt das Schicksal dich,
auf andre Wege sicherlich.

Kant lud gern zum Essen ein,
er wollte in Gesellschaft sein.
So liebte er die Geselligkeit,
galt als Weltweiser dieser Zeit.
Täglich ging er zu Besuch,
zu Mr. Green im feinen Tuch.

Mit dem Tod von Mister Green,
kam Einsamkeit bald über ihn.
Kant selbst war Hypochonder,
sein Lebensgefühl lebte von der
Ruhe und Heiterkeit im Geist,
Werte, die das Leben speist.

Wenn wir des Lebens Schwächen meiden,
Ehrsucht, Habsucht, Falschheit vertreiben,
dann dominiert Zufriedenheit
als Attribut der Natürlichkeit.

Der Verstand wird durch Seelen-Gaukler verdorben,
das nährt den Witz, der hier verborgen.
Leidenschaft ist durch Vernunft zu besiegen,
das Füllen der Zeit mit Arbeit wird siegen,
das ist des Verstandes Konsequenz,
zugleich ein Vorbeugen der Demenz.

Kant verehrte nicht glühend die Frauen,
die Ehe nicht, um ein Nest sich zu bauen.
Er war als Gastgeber unterhaltend, vergnügt,
ihm haben geistige Gespräche genügt.
Er liebte den Hut, uralt mit Krempe,
der ihm so gut den Schatten spende.

So wurde er alt und einsam am Ende,
Er sprach oft laut und vor sich hin,
war gutmütig, Freunde sorgten für ihn.

Kant war Philosoph der Humanität hier auf Erden,
der die Menschen lehrte:
„Es ist niemals zu spät,
vernünftig und weise zu werden."

Kant im Stheno gefangen

Geistesblitze und Aussprüche

Lassen wir Kant selbst, der zu den wichtigsten Philosophen der klassischen deutschen Philosophie zählt, die Periode der Aufklärung abschloss und den deutschen Idealismus begründete und anderen Philosophen den Weg wies, zu Worte kommen:

In einer großen Zahl von Schriften und Büchern hat er seine Philosophie der Welt mitgeteilt: Zu den bekanntesten zählen: „Kritik der reinen Vernunft", Zum ewigen Frieden", „Kritik der Urteilskraft", „Kritik der praktischen Vernunft" u. a.

Bekannt sind Aussprüche, wie:

Habe Mut, dich deines eigenen Verstandes zu bedienen. (Sapere aude = Wage es, weise zu sein)

Handle nur nach derjenigen Maxime, durch die du zugleich wollen kannst, dass sie ein allgemeines Gesetz werde. Dies ist als Prinzip der Sittlichkeit bekannt.

Der, der seine Begierde befriedigt, ist klug, der, der sie zu beherrschen weiß, ist weise.

Der Mann denkt, hat dirigierenden Verstand. Frau ist vor allem erfinderisch mit feinem, witzigem Verstand, der ehrlich den Mann dirigiert und das Regime führt.

Schade, wenn man sterben muss, wo man gerade gelebt hat, wie man recht gut leben könnte.

Man kann froh und lebenssatt werden durch Ausfüllen der Zeit mit planmäßiger Beschäftigung.

Die größte Gefahr für Menschen ist, anderen Unrecht tun.

My home is my castle

10. Arthur Schopenhauer, der triebgesteuerte Jammerlappen (1788–1860)

DER WILLE

Aus dem Leben von Arthur Schopenhauer

Eigentlich sollte der kleine Arthur in der Weltstadt London zur Welt kommen, so wünschte es sich der vermögende und hochgebildete Vater und die Romane schreibende Mutter. Aber während eines kurzen Aufenthaltes zwischen den vielen Reisen in Europa, kam es plötzlich am 22.02.1788 zur Geburt in Frankfurt (Main). Die Kindheit läßt nichts entbehren, außer der Mutterliebe. Die Großmutter war irrsinnig, der Bruder des Vaters schwachsinnig und der Vater stürzte sich geistig gestört vom Dach. Nun ist die Mutter frei, zieht nach Weimar in die Nähe Goethes und schickt den Jungen aufs Internat für 2 Jahre nach Paris, dann aufs Gymnasium nach Gotha, dann kurzzeitig nach Weimar, um auf Wunsch und Anordnung des Vaters eine Kaufmannslehre gegen seinen eigenen Willen zu absolvieren. Wenige Semester studiert er Medizin, um dann mit Freude zur Philosophie zu wechseln und mit dem Doktor der Philosophie abzuschließen. Von der ungeliebten Mutter und der gefühllosen Schwester trennt er sich bald für sein ganzes Leben. Die Mutter will nicht durch einen „superklugen" Sohn in ihrer eigenen Karriere zu kurz kommen.

Mit einem eigenen starken Willen formuliert er nun sein grenzenloses Misstrauen den Menschen gegenüber, seine vom Pessimismus besessenen Vorstellungen, in denen er „jede Lebensgeschichte als Leidensgeschichte" auffasst und „die Welt als jammervoll und keineswegs wünschenswert" deklariert. Und erst sein Hass gegenüber Frauen, denn „Weiber sind gekennzeichnet durch instinktartige Verschlagenheit, mit einem Hang zum Lügen und zur Verschwendung", sie besäßen keinen Sinn für das Schöne wie Poesie, Musik und Kunst.

Das Ende eines Menschen ist immer jammervoll und endet im Nichts, so wendet er sich Buddha zu, lehnt das Christentum und den Islam ab.

SCHOPENHAUERS WILLE UND VORSTELLUNG

War der Arthur Schopenhauer,
Philosoph und Weltenbauer,
der die Menschen oft gerügt,
selbst zufrieden und vergnügt?
Oder, was man nicht bedacht,
hat im Leben er gelacht?

Schopenhauer fußt auf Kant,
der in der Auseinandersetzung fand,
den Satz des Grundes in vier fach Prägung,
Bewusstsein, Wahrnehmung als Segnung,
die Formen des Denkens von Raum und Zeit,
in Kausalität, Motivation, Handeln und Erkenntnis teilt.
Am Ende ist die ganze Welt in ihrer Fülle,
nur Vorstellung und Menschenwille.

Der Wille ist Energie gesteuert,
von ihm wird Lebenskraft erneuert,
die aus dem Triebe resultiert,
zum Guten und zum Bösen führt.
Er verzichtet, dieser Kraft im Leben,
irgendeinen Sinn zu geben,
nicht religiös, natur- und weltgeschichtlich,
die Kraft ist grund- und ziellos, offensichtlich.

Das große Fressen und Gefressenwerden,
ist triebgesteuert hier auf Erden.
Der Sexualtrieb und Befriedigung,
wechseln mit Genugtuung
Für Denker dieser Weltgestaltung
ist Pessimismus ausgewies'ne Haltung.
Als höchstes Ziel der indischen Weisen,
konnte Schopenhauer den Buddhismus preisen.

Die Loslösung vom irdischen Wollen,
ist das, was die Buddhisten sollen,
mit Wunschlosigkeit ins Nirwana gehen,
heißt das Ende im Nichts – das soll geschehen.
Bedeutet für ihn, dass Vorstellung und Wille,
enden im Nichts – in der Tiefe der Stille.

Der Wille ist der Charakter toter Materie,
eine Idee, die zu einer Sache gehöre,
die Musik dagegen, als höchste Kunst perfekt;
eine optimale Idee ganz ohne Objekt.
Wagner und Mahler folgten seinen Ideen,
auf der Opernbühne als „Tristan und Isolde" zu sehen.

Der Glaube an Religion, einen persönlichen Gott,
verträgt keine Illusion, aber auch keinen Spott.
Der Mensch ist metaphysisch desillusioniert,
ohne Belohnung im Diesseits orientiert.
Diese Philosophie bestimmte das westliche Denken,
sollte zum Gefühl der „Nichtigkeit des Daseins" lenken,
führte zu Tolstoi, Tschechow, zu Freud und Mann
und nicht zuletzt sah es Nietzsche als Grundidee an.

Eher den Tieren als den Frauen zugeneigt,
mit seinem Pudel er seine Zeit vertreibt,
erkennt in seinem Blick die Weltenseele,
die den Menschen nur mehr verhöhne.
Der Mensch ist nicht sozial geprägt,
blinder Wille ist's, der die Welt bewegt,
sinnlos der Trieb, der Menschen beherrscht,
kein Gott erhebt sie himmelwärts.

Es verdankt die atheistische Lehre in ihrem Sinne,
den endlosen Kampf und irrationalen Wille,
findet Eingang in moderne Anthropologie,
ebenso wie in die Psychologie,
aber auch in die menschlich soziale Philosophie.
Nicht der „Fabrikmensch" kann vor dem Leiden fliehen,
Auserwählte werden sich durch Weltflucht entziehen.

Die Willensart der Vater prägt,
den Geist jedoch die Mutter trägt.
Familiengeschichte dunkel, prekär,
der Vater als Kaufmann spektakulär,
weltdurstig, phantasievoll die Mutter Johanna,
nicht in London, in Frankfurt war Sohn Arthur da.
Behütete Kindheit mit vielen Reisen,
Familie lehrt Städte und Sprachen zu preisen.

Sonnenstrahlen über Montblanc gestrichen,
mit Schwermut und Heiterkeit eines Genies verglichen.
Gegen Vaters Wunsch nach der Kaufmannslehre,
steht der Drang nach Erkenntnis und Wissbegierde.
Er konnte nicht deutsch verwurzelt sein,
das engte seine Bildung ein,
der Wert der Sprache, die Macht der Literatur,
als Fundament seiner geistigen Natur.

Verbitterte Stimmung zwischen Mutter und Sohn,
eher Nebenbuhler mit schneidendem Ton.
Keine mütterliche Zärtlichkeit,
in Gothaer und Weimarer Gymnasienzeit.
Seine „Superklugheit" schürte die Wut,
das tat der Beziehung gar nicht gut.
Es folgte die Trennung auf Lebenszeit,
mit Schwester und Mutter endgültig entzweit.

In Frankfurt ging er am Main spazieren,
um zur Apfelkneipe zu flanieren,
nur mit Pudel und eigenem Glas,
das aus Hygienegründen er besaß.
Umstritten sind seine Ideen bis heute,
er hatte im Leben wenig Freude,
lachend hat ihn wohl keiner gesehen,
das war für andere weniger schön.

Seine Schriften, sprachlich exzellent,
sie aber nur der Verteidiger kennt,
„Über den Willen in der Natur",
verfolgt er die Kant'sche Grundsatz-Spur,
mehr als eine Auf- und Bemerkung,
war die „Welt als Wille und Vorstellung".
Die Anerkennung ließ auf sich warten,
er suchte einsam Trost im Garten.

Er wollte so gerne 90 werden,
und unauffällig, plötzlich sterben.
Das aber hat Gott nicht gewollt,
weil Schopenhauer sehr gegrollt.
Der Zweifler bat Gott, seine Seele zu retten,
dann wollte er sich zur Ruhe betten.
Er solle sie lösen von seinem Grabe,
falls er eine habe.

Der Nachtwandler

SCHOPENHAUERS GEISTESBLITZE

Schopenhauer hatte wenig bis keine Freude am Leben. Das Einzige, was er liebte, war sein Hund, den er Atma (Weltenseele) nannte. Nur, wenn er ihm nicht gehorchte, nannte er ihn „Mensch".

Wohl aus dem gestörten Verhältnis zu seiner Mutter und einer gescheiterten Affäre zu einer 11 Jahre älteren Schauspielerin in jungen Jahren, resultiert die Ablehnung der Frauen und sogar sein Hass.

Lustige oder sogar witzige Äußerungen sucht man bei Schopenhauer vergebens. Einige, nicht so ernste Eintragungen, meint man, schon zu skurrilen oder lockeren Sprüchen zu zählen. Sie sind zwar nicht lustig, aber halten zumindest dem Ernst etwas entgegen:

Das Geld gleicht dem Seewasser. Je mehr man davon getrunken hat, desto durstiger wird man.

Heiraten heißt, mit verbundenen Augen in einen Sack greifen und hoffen, dass man einen Aal aus einem Haufen Schlangen heraus finde.

Der Mensch kann zwar tun, was er will, aber er kann nicht wollen, was er will.

11. Friedrich Nietzsche, der übermenschliche Nachtphilosoph (1844–1900)

AUS DEM LEBEN VON FRIEDRICH NIETZSCHE

„Der kleine Pastor" wird Friedrich schon in seiner Schulzeit genannt. Er ist der Sohn eines Pfarrers, entstammt einer ganzen Pfarrer-Dynastie, denn auch seine Mutter kommt aus einer Pfarrersfamilie, die ihren kleinen Sohn im Jahre 1844 in einem Dorf bei Leipzig zur Welt bringt.

Als er 5 Jahre alt ist, verstirbt der Vater, so dass die Mutter mit ihm, ihrer Mutter, seiner Schwester und 2 Tanten nach Naumburg übersiedeln. Von hier aus besucht er die Fürstenschule in Schulpforte und glänzt außer in Mathematik vor allem in den musischen und sprachlichen Fächern, kann Bibelzitate brillant vortragen und interpretieren.

Doch nicht das Theologiestudium, wie erwartet, sondern das der Literatur- und Sprachwissenschaften, später das der Philosophie, führen ihn an die Universitäten nach Bonn und Leipzig. Hier fällt er durch sein hervorragendes Wissen und seine klugen wissenschaftlichen Beiträge auf. Sein größtes Interesse gilt den Philosophen Feuerbach und Schopenhauer, so dass er schon, als er seine Doktorarbeit noch gar nicht fertiggestellt hat, mit 24 Jahren, einen Ruf als Professor an die Baseler Universität in die Schweiz bekommt, dem er folgt. Mit kurzer Unterbrechung als freiwilliger Krankenpfleger im deutsch-französischen Krieg, kehrt er nach wenigen Monaten des Einsatzes krank zurück und lebt noch 10 Jahre in Basel, bis er wegen Kopf- und Augenproblemen, verbunden mit starken Depressionen, aufgibt. Er irrt im Winter in Italien, im Sommer in der Schweiz und Deutschland umher, schreibt wie besessen ein Werk nach dem anderen, aber keiner will es lesen. Trotz wechselnder Erkrankungen des Nervensystems, die man später als Syphilis diagnostiziert, ordnet er seine Gedankensplitter zu: „Also sprach Zarathustra", womit er rasch bekannt wird.

Er genießt die Anerkennung seiner Zeitgenossen auch die Freundschaft mit Richard Wagner. In den folgenden 10 Krankheitsjahren, die er vorwiegend in Naumburg und nach dem Tod der Mutter bei seiner Schwester in Weimar in der „Villa Silberblick" verbringt, versinkt er in Einsamkeit und Depression, woraus er sich nicht befreien kann und will.

Man fragt oft, wie war Nietzsche als Mensch, war er auch vergnügt, hat er auch gelacht?

Viele Jahre verbringt Nietzsche in Italien, meist in Venedig, Rom, Genua, Rapallo und Nizza, überwiegend in dem kleinen Künstler-Gebirgsort Elze in den Französischen Provence-Alpen, wo er Selbstheilung praktiziert, indem er durch Bergsteigen seinen Geist frei bekommen will.

In Rom lernt er die faszinierende, intelligente Russin Lou Salome' kennen und verliebt sich in sie. Doch Salome' empfindet ihn als ungeschickten Liebhaber, so dass sich keine intime Beziehung entwickeln kann. Danach ist Salome' jahrelange Geliebte von Rainer Maria Rilke, bis die attraktive, selbstbestimmte Frau zu Siegmund Freud nach Wien geht, um als Schülerin dessen Psychoanalyse zu erlernen. Nietzsche kann keine echte Beziehung zu Frauen aufbauen, weil er schon wegen seiner Erziehung durch fünf Frauen in seiner Kindheit und Jugend zu der Erkenntnis gelangt: „Du gehst zum Weibe? Vergiss die Peitsche nicht!". Mit dieser Einstellung kann eine Liebe nicht gedeihen.

Nach einem psychischen Zusammenbruch 1889 in Turin, begibt er sich bis 1897 nach Naumburg in die Pflege seiner Mutter und nach deren Tod zu seiner Schwester nach Weimar, wo er am 15.8.1900 geistig umnachtet verstirbt.

Die Größe Nietzsches besteht darin, aus der Krise der Philosophie des 19. Jahrhunderts einen Ausweg gefunden zu haben. Es sind aber Machtphantasien eines kranken Mannes, die gipfeln in der Verneinung jeglicher Werte und Ziele, die Sinnlosigkeit des Daseins und des Todes zu preisen, das Ende der Lehre vom Sein und des Guten, den Glauben, die Wahrheit und den Fortschritt auch der Wissenschaft zum Zerfall zu bringen, mit dem Zitat „Gott ist tot", dem Glauben und der Moral abzuschwören und im Nihilismus (Ende der Lehre vom Sein, Sinnlosigkeit des Daseins) zu enden. Bei der Bejahung des Auslebens der Triebe wird es zum Überlebenskampf kommen, der nur den Stärksten überleben lässt als europäischen Über- oder Herrenmenschen. Das Individuum steht im Zentrum und überwindet den Herdenmenschen. Eine neue menschliche Rasse bildet sich heraus. Alles endet im Nichts – eine dem Leben abgewandte, kranke Philosophie, die vom Nationalsozialismus ideologisch benutzt worden ist und seine völkerverachtende Wirkung leider mit bösen Auswirkungen gezeigt hat.

Der entwurzelte Gogmagog

Wenn Friedrich Nietzsche lacht

War Nietzsche wohl ein fröhlich Denker,
ein Philosoph und Weltenlenker?
Dann muss er mit den Göttern streiten,
und Zarathustras Weg begleiten.

Hat Friedrich Nietzsche auch gelacht?
Es stimmt, er hat viel nachgedacht,
hat der Menschen Geist verführt,
hat Übermenschliches kreiert.

Trotz Nihilismus Lachen retten,
die Heiterkeit wird sich verstecken,
die Euphorie ist andrer Natur,
Verdüsterung zieht seine Spur.

Als Lebensretter spürt er Chancen,
doch nur für Lachen und für Tanzen,
das wird beim Scheitern untergeh'n,
man lacht sich tot – das wird gescheh'n!

Das Lachen löst schwerste Gedanken,
der leidende Mensch wird sich bedanken,
Lachen ist auch depressiv bedingt,
hat Zukunft, weil es im Nichts versinkt.
Die panische Angst bedient sich des Übermutes,
löscht Gedanken des Bösen und auch Gutes.

Nietzsche war in der Depression gefangen.
Um in die Freiheit zu gelangen,
bestieg er Nizzas Berge bis zum Gipfel,
täglich sah er Meer und Wipfel.
So lenkte er die Energie
zum Körper hin, weg vom Genie.

Götter und Menschen verbindet der Wind,
doch nur, weil sie Lachende sind
und lästernd über die Götter sprechen,
das aber kann der Tod nur rächen.

Nur Augenblicke gewährt das Leben,
den eigenen Sinn muss der Einzelne geben.
Weil Salome ihm Intimes versagt,
hat er nicht die Liebe des Lebens gewagt.

Lachen ist Freiheit – hemmungslos,
Lachen ist göttlich und grenzenlos,
ist Buße der Selbstgefälligkeit,
ist intensive Ewigkeit.

So kommen sich Menschen und Götter näher,
es staunt der übermenschliche Pharisäer.
Frei wie ein Vogel, heißt zum Abschuss frei,
die Selbstironie des Geistes, sei wie sie sei.
Bei Nietzsche ist die Wissenschaft,
nur, wenn sie lügt, gewissenhaft.

Zum Lachen fehlt mir oft der Mut,
doch im Herzen glüht die Glut.
Erst der Ernst macht mich bereit,
für Lachen und die Heiterkeit.

Nietzsches Lachen ist für mich,
der reine Widerspruch in sich.

Über Nietzsche

Nietzsche ist ein Pessimist,
der für den Tod geboren ist.

Nach Nietzsche sind die Deutschen
geprägt von Tiefe und von Redlichkeit,
von Biederkeit und Offenheit,
Gutmüdigkeit, Bequemlichkeit,
am Ende schon ein Volk zum Täuschen.
Wenn Goethe übt das feine Schweigen,
will Wagner widersinnig Kühle zeigen,
im Grollen lässt er Götter streiten
und sie im Chaos abwärts steigen.
Aus seinem Herzen kam das schlimme Kreischen,
soll Nietzsche sich doch selbst zerfleischen.

Nietzsches Geist

Er schießt Menschen an mit spitzem Pfeil,
doch seine Welt ist auch nicht heil,
beschreibt Gehirne als Geistmaschinen,
mit denen Spezialisten buckelnd dienen.
Auch ein Mensch der Leidenschaft,
ist armes Opfer seines Fachs,
ist bald die höchste Form im Lande,
ist der getreue Staats-Beamte:

Er strebt nach Ruhm wie jedermann,
der über sich (leider) nicht lachen kann.

Ehrliches Lachen

Lachen, das ist Übermut,
tut der Unsinn denn so gut?
Unsinn – das ist Gegenteil,
bietet Zweckmäßigkeit und -loses feil,
auch notwendig und beliebig sei,
notwendiges Spiel der Gedanken,
weist Spannung in die Schranken.

Entspannt sich die Gefährlichkeit,
führt Lachen dann zur Ehrlichkeit.

Einige Aussprüche belegen dies:
Bevor man den Menschen sucht, muss man die Laterne gefunden haben.

Die Menschen drängen zum Licht, nicht um besser zu sehen, sondern um besser zu glänzen.

Urteil der Müden:
Der Sonne fluchen alle Matten,
Der Bäume Wert ist ihnen – Schatten.

Die Affen sind zu gutmütig, als dass der Mensch von ihnen abstammen würde.

Zehn Mal musst du lachen am Tage und heiter sein, sonst stört dich der Magen in der Nacht, dieser Vater des Trübsals.

Wenn die Ehegatten nicht beisammen lebten, würden die guten Ehen häufiger sein.

Was ist Liebe? Was ist Schöpfung? Was ist Sehnsucht? Was ist Stern? – so fragt der letzte Mensch und blinzelt. Gib uns diesen letzten Menschen, o Zarathustra – so riefen sie – mache uns zu diesen letzten Menschen! So schenken wir dir den Übermenschen.

12. Ludwig van Beethoven, das unbändig sinnliche Ton-Genie (1770–1827)

Aus dem Leben von Ludwig van Beethoven

Die väterlichen Vorfahren Ludwig van Beethovens stammen aus dem flämischen Brabant. Der Großvater Ludwig wurde als Sänger und Kapellmeister an den Kurfürstlichen Hof nach Bonn bestellt, dessen Sohn Johann setzte den Weg fort, wurde als Musiklehrer bekannt. Er heiratete die früh verwitwete Maria Magdalena Leym. Aus dieser Ehe gehen sieben Kinder hervor. Als zweites Kind wird Ludwig am 17. Dezember 1770 in Bonn geboren.

Der Vater erkennt schon sehr früh die Begabung und sorgt ehrgeizig für eine solide Musikausbildung zusammen mit seinen Kollegen der Hofkapelle, so dass der kleine Ludwig an verschiedene Instrumente wie Klavier, Orgel und Violine heran geführt wird. Schon mit 7 Jahren tritt er das erste Mal vor Publikum als Pianist in Bonn auf.

Neefe, der nachfolgende Kapellmeister, erteilt ihm Klavier- und Kompositionsunterricht. Es entstehen erste Werke wie die „Kurfürstensonaten".

Neefe, sein Lehrer, bezeichnet Beethoven als einen „zweiten Wolfgang Amadeus Mozart, wenn er weiter solche Fortschritte mache". Diese Äußerung gegenüber dem Landesfürsten Maximilian Franz fällt auf fruchtbaren Boden und löst 1786 eine von ihm geförderte Reise nach Wien aus, um Kompositionsschüler Mozarts zu werden, worüber aber nichts weiter bekannt wird. Nach einem Jahr kehrt er nach Bonn zurück, wohl unverrichteter Dinge, als die Mutter an Tuberkulose verstirbt und der Vater seinen Dienst beim Kurfürsten wegen Alkoholsucht quittieren muss. Ludwig ist nun, nicht einmal volljährig, Familienoberhaupt. Er spielt an verschiedenen Orten in der Hofkapelle am Rhein und Main, so in Mergentheim und Miltenberg bis 1791.

Eine Neuorientierung bewirkt die Studienreise nach Wien am 18.12.1792, woraus ein dauerhafter und endgültiger Aufenthalt werden soll. In Bonn gibt es durch den Tod des Vaters und die Flucht des Kurfürsten nach der Besetzung des Rheinlandes durch französische Truppen keine Lebensgrundlage mehr.

In Wien stehen ihm bald adlige Förderer und Musiklieb-haber zur Seite, die die Grundlage für ein unabhängiges, künstlerisches Leben bilden (Fürst Lichnowsky zahlt 600 Gulden jährlich).

Nun erhält Beethoven bei Haydn Kompositionsunterricht. Das Verhältnis zwischen dem großen Lehrer und dem ei-genwilligen Schüler bleibt nicht ohne Konflikte. Haydn hält das Klaviertrio op.1 N 3 für schwer verständlich. Und doch prägt Haydn die musikalische Entwicklung Beetho-vens, was in den Sinfonien und in der Kammermusik die-ser Jahre zum Ausdruck kommt. Den Unterricht ergänzt er heimlich.

In den 90iger Jahren hängt sein Komponieren eng mit seiner Karriere als Klaviervirtuose zusammen, was sich in 32 Klaviersonaten ausdrückt, die wohl bekannteste ist die „Mondscheinsonate". Sein erster Auftritt in Wien mit der Klaviersonate B-Dur op. 19 erregt Aufsehen vor allem durch sein freies Fantasieren und Variieren der Themen. Es folgen Konzertreisen nach Prag, Dresden, Berlin, ganz auf der Reiseroute von Mozart im Jahr 1789. Es folgen Streichquartette und Sinfonien als Kompositionen.

Ab etwa 1798 zeigen sich erste Zeichen eines Gehörlei-dens, der später zur Taubheit führen sollte, es verschlimm-mert sich 1801, um wieder zu stagnieren. Als Ursache werden bis heute diskutiert: eine Syphilis connata (ange-borene Lues), eine Otosklerose oder eine Atrophie der Ge-hörnerven. Es folgen ab 1802 weitere 10 schaffensreiche Jahre in Wien ganz zum Trotze der Krankheit, auch als „heroische Jahre" bezeichnet. Er stürzt in eine schwere persönliche Krise mit zeitweiligen Selbstmord-Gedanken, weil die Kur in Heiligenstadt nicht das gewünschte Ergeb-nis bringt. Er schreibt sein „Heiligenstädter Testament". Nun prägt sich sein unverwechselbarer Stil in all seinen großen Werken wie der „Eroica" (3. Sinfonie), „Pastorale"

(6. Sinfonie), seiner einzigen Oper „Fidelio" aus und trifft den Geist der Zeit in seiner Musik.

Er bejubelt die Französische Revolution bis sich Napoleon selbst zum Kaiser krönt (1804), es kommt zum Bruch mit seinem Geldgebern, den Fürsten von Lichnowsky. Trotzdem versuchen Erzherzog Rudolph und Gräfin Erdödy, Beethoven in Wien zu halten. Er ist oft in Geldnot, weil sein Leben und seine Liebschaften viel Geld verschlingen.

1812 treffen sich die beiden sehr gegensätzlichen großen Geister, Goethe und Beethoven, in Karlsbad, begegnen sich trotzig und stolz. Eine letzte Schaffensperiode bringt die 9. Sinfonie (1824) und noch eine Reihe von Klaviersonaten und Streichquartette hervor.

Beethoven sieht seine Kunst als Fortsetzung der Revolution mit den Mitteln der Musik, ist damit ein Vertreter eines gewaltigen Schöpfertums mit einem großen Verantwortungswillen.

Ertaubt und einsam stirbt er am 26. März 1827 in Wien.

Beethovens stumme Einsamkeit

Beethoven, ein unerreichtes Ton-Genie,
Worte werden Melodie.
In seiner Zeit ein Revolutionär,
sein Lebenswerk ist spektakulär.
War er auch glücklich und verliebt,
hat seiner Leidenschaft genügt?

Als Bub in Bonn musikalisch geprägt,
Mozart und Haydn den Samen gesät,
der in Beethovens Kindheit und Jugend aufgeht
und als Pianist für Virtuoses steht.
Nicht lange hat er in der Heimat verweilt,
ist in die Musikstadt Wien geeilt.

Er begann schon früh Gedanken zu wahren,
klassische deutsche Philosophie zu erfahren,
vereint die Aufklärung mit der Französischen Revolution,
das formte seine Wiener Position.
Er wurde von Schiller inspiriert,
im Herzen brannte ungeniert
die Flamme der bürgerlichen Revolution,
er sah in der Kunst seine Rebellion.

Einesteils des Geldes wegen
kam der Adel ihm gelegen,
seinem Freiheitswillen tief in der Seele,
dem Adel baut er eine Stele.
Die demokratische Sehnsucht nach Bürgertum
bestimmte fortan sein Dichten und Tun.

So kamen sich näher Inhalt und Form,
disziplinierte Töne ganz ohne Norm.
Es waren heroische Symphonien,
Ideengebilde unbändiger Energien.
Auch tänzerisch tiefgründige Klänge fürs Ohr
und manchmal sogar verspielter Humor.

Klaviermusik, Violinkonzert einfach so,
doch auch die Oper „Fidelio".
Ouvertüre zu Goethes „Egmont" als Bühnenstück,
ohne Atempause war ihm das geglückt.
Als Großwerk des freien religiösen Bekenntnis'
war 1823 die „Missa solemnis".
Es wurde die Krönung, bis heut' nie erreicht,
die 9. Symphonie, die den Göttern gleicht.

In Karlsbad trafen sich zwei Genies,
gegenseitig respektvoll und dann dies:
Der Herzogin gab Herrn von Goethe die Ehre,
verbeugte sich tief – seine Adelssphäre.
Beethoven dagegen, stur, ohne Zeichen,
für ihn musste die adlige Kutsche ausweichen.

Dagegen begrüßte er die Französische Revolution,
verehrte mit „Eroica" Napoleon.
Später als das Bürgertum stöhnte
und er sich selbst zum Kaiser krönte,
sagte er ihm musikalisch „Adieu",
auch dem Erzherzog Rudolph, seinem Freunde per se.

Stürmisch und vehement
war seine Liebe ungehemmt.
Seine Affären mit schönen Frauen,
ihm schenkten Adlige Vertrauen,
umschwärmten ihn wie Insekten das Licht,
zu einer festen Bindung aber kam es nicht.

Als junger Mann war er wohl ständig verliebt,
wusste nicht, dass es auch Treue gibt.
Gräfin Babette, Joulin und andere Schöne,
seine große Liebe war Josephine.
Die Gefühle verarbeitete er hautnah
in der „Mondscheinsonate" und „Appassionata"

Er hat gelitten, weil die Heirat misslang,
nur um Josephines Kind war ihm bang.
Mit ihr hatte er eine intime Affäre,
er trauerte, weil er gern Ehemann wäre.
Josephines Kind nannten sie „Minona",
rückwärts gelesen ist es wohl wahr.

So verflog Beethovens ersehntes Glück,
den Hauslehrer schickte sie nicht zurück.
Auch als Geliebter hatt' er das Nachsehen,
ihm blieb nur die Sonate Opus 110.

Er, der der Welt göttliche Töne beschert,
hat die letzten Jahre nicht mehr gehört.
Musik verklungen, auch um ihn herum,
so verließ er die Welt, einsam und stumm.

Mit Phoenix nach Elysium

BEETHOVENS GEISTESBLITZE

Ludwig van Beethoven konnte genial mit Tönen umgehen, konnte er es aber auch mit Worten?

Dazu einige Kostproben seiner Sprüche:

Musik ist so recht eine Vermittlung des geistigen Wesens zum sinnlichen.

Von Herzen möge es zu Herzen gehen.

Es gibt Momente, wo ich finde, dass die Sprache noch gar nichts ist.

Aber nicht wahr, ich hatte doch etwas musikalisches Talent?

Die Kunst, die verfolgte, findet überall eine Freistatt: erfand doch Dädalus, eingeschlossen im Labyrinthe, die Flügel, die ihn oben hinaus in die Luft emporgehoben. O, auch ich werde sie finden, diese Flügel!

Man muss was sein, wenn man was scheinen will.

Das Tagtägliche erschöpft mich!

O, ihr Menschen, die ihr mich für feindselig und misanthropisch haltet und erkläret, wie unrecht tut ihr mir!

Wir Endlichen mit dem unendlichen Geist sind nur zu Leiden und Freuden geboren, und beinahe könnte man sagen, die Ausgezeichnetsten erhalten durch Leiden Freude.

Kraft ist die Moral der Menschen, die sich vor anderen auszeichnen.

Musik ist höhere Offenbarung als alle Weisheit und Philosophie.

Das beste, um an dein Übel nicht zu denken, ist Beschäftigung.

Sich selbst darf man nicht für so göttlich halten, dass man seine eigenen Werke nicht gelegentlich verbessern könnte.

Die Kunst? Was ich ohne sie wäre? Ich weiß es nicht, Doch mir graut – sehe ich doch was ohne sie Hundert' und Tausende sind!

Liebe, und einzig die Liebe, ist in der Lage, dir ein glücklicheres Leben zu geben.

Auf und ab
Beethoven kennt man ernst, verschlossen,
in sich gekehrt – introvertiert.
Niemand denkt an die Jugend, wo er unverdrossen,
die schönen Mädchen stolz verführt.

Ein schweres Schicksal beugt ihn nieder,
Kampf und Arbeit war sein Streben,
schuf Symphonien und schöne Lieder,
Natur und Freunde haben viel gegeben.

Das ist das Auf und Ab im Leben,
es wird genommen und gegeben.

Liebe und Treue
Wie stürmisch er die Mädchen liebte,
an frohen Tagen, in der Nacht.
Er taugte nicht zum Ehemann
und hat an Treue nicht gedacht.

Braune Augen, dunkler Teint,
wenig lustig, dafür streng,
doch die schönen Adelsdamen,
wollten seine Liebe haben.
Als Pianist war er genial,
nicht so als (treuer) Ehe-Gemahl.

13. Richard Wagner,
ein Besessener der Musikwelt
(1813 – 1883)

Aus dem Leben von Richard Wagner

Die Familie, in die der kleine Richard hinein geboren wird, ist wirklich nicht begütert. Der Vater, ein Dorfschulmeister, wie schon seine Vorfahren, stirbt bereits, als der Junge 8 Jahre alt ist. Die Mutter hat die Last der Familie allein zu tragen und muß die zwei Kinder versorgen.

Dann heiratet sie den Schauspieler Ludwig Geyer in Dresden und die Familie verlässt Leipzig. Aber auch hier ist der Hunger oft Begleiter und so lernt Richard die Not kennen, setzt sich das Ziel, dass so etwas in seinem Leben nicht mehr passieren soll.

Wie es mit Geist und Psyche ist, der Mensch strebt gerade nach dem Gegenteil. Es kann sogar zur Sucht werden, Sucht nach Geld, nach Reichtum, nach schönen Dingen, auf die er in der bitteren Kindheit verzichten musste. Es bleibt eine Sehnsucht ein Leben lang nach Prunk und Geltung in der Gesellschaft – nie wieder arm, nie wieder Hunger! Diese Angst des drohenden Absturzes ist der innere Antrieb für sein unstetes, ungestümes und hypertrophes Auftreten, mit dem er die Menschen oft irritiert. Oder ist es das, was ein Genie ausmacht? Ich glaube nicht. Es beruht auf außergewöhnlicher Leistung und diese hat Wagner erbracht – in seiner Musik, in außergewöhnlichen Opern, die die Musikwelt revolutionierten. Und wie das oft in seiner Zeit ist, das Neue, Unbekannte bricht sich Bahn im Leben, es will erkämpft sein.

Das Wesen Richard Wagners drückt sich in seiner Musik aus. Das Bestehende verändern, das Neue erwarten und die Freiheit erstreben, etwas bisher nicht Dagewesenes zu schaffen und auf die Opernbühne zu bringen und unabdingbar seinen Willen gegen jeden Widerstand durch zu setzten, ohne die Gefahr, wahnsinnig zu sein. Lebendigkeit und extreme Töne sowie Lautheit zu gestalten, ist sein Sinnen und sich so selbst damit unsterblich zu machen. Es scheint und er äußert sich, in seiner Musik Anerkennung und Erfüllung zu finden und gefunden zu haben, trotz aller Widersprüchlichkeiten bis heute. Es gibt groteske, lächerliche Abstürze von Pathos in die Peinlichkeit. Bei einer Wagner-Inszenierung sind beleibte Damen und Herren im Bärenfell auf der Bühne, die die Geschicke der Welt lenken, die später d. h. am Abend der Aufführung am Tisch Anlass zum Lachen und zur Heiterkeit geben.

Die Melodien des Faun

Richard Wagners Genie

Er ist umstritten – Richard Wagner,
als außergewöhnlich Begabter.
Ein Komponist der Aufbruchszeit,
zu Kompromissen kaum bereit,
nicht in der Politik,
vor allem nicht in der Musik.

Als Kind nagt er am Hungertuch,
niemals hat er Geld genug.
Dem Luxus öffnet er die Tür,
mit Schulden zahlt er stets dafür.
Es scheint, als wird die Kindernot
zur Sucht mit Überangebot.

Der Sinn für Erhabenes und Schönes,
auch Gigantisches, Extremes,
gleicht innerlich einem Vulkan,
und bricht sich schon sehr zeitig Bahn.
Dem Rückschlag in Paris folgt Wien,
doch Wagner, er verkraftet ihn.

Er schwebt in anderen Gefilden,
strebt leidenschaftlich zu den Wilden,
die nach Revolution und Befreiung schrei'n,
er lässt die Politik bald sein,
weil Aufbruch in der Kunst vonnöten,
er hört Fanfaren und Trompeten.

Wagner, verehrt als großer Meister,
der selbst in der Götter reichste
Welt eindrang und diese zwang
zu Liebe, Tod und Untergang.
Als Tragödien Opern komponierte,
die Musikwelt revolutionierte.

Tannhäusers Zerrissenheit
ist Pathos dieser tollen Zeit.
Dagegen gleicht Isoldes Verklärung
einer modernen Liebesverschwörung.
Wotans Abschied bedeutet schon,
das Ende der Götter – eine Kunstreligion.

Wagner ist wohl ein Genie,
nutzt des Adels Sympathie,
für sein Leben ungeniert
bis folgendes passiert:
Er strebt wild zur Revolution,
erst politisch, dann im Ton.
Genial, wie er die Töne meistert,
nicht alle sind so gleich begeistert.

Für Kirche, Staat war das zu viel,
er fand sich wieder im Exil,
Eigenwillige Gedanken,
die sich um Schopenhauer ranken,
die Elend selbst im Mensch begründen,
in Macht und Gier sich wieder finden.

In Bayreuth, Bayerns Niederungen,
führt er den „Ring der Nibelungen",
zum Erfolg wie „Parsifal",
wird zum Star bald überall,
bis hin zu üblem Germanenkult,
doch Hitler ist nicht Wagners Schuld.

Nietzsche meinte zu erkennen,
in Wagners Werk die Morgenröte,
Moral und Glauben schwach zu nennen,
was Musik-Kultur abtöte.
Des Philosophen Widerspruch,
war ein misslungener Versuch.

Wagner ist in seiner Zeit
von nervöser Lebendigkeit.
Mit Kindern, Cosima und Hund,
macht er das Opernleben bunt.
Nerven braucht man, wie Schiffstau dick,
zu überstehen ein Bühnenstück.

Wagner war Komponist und Arrangeur,
war Dirigent und Schriftsteller,
er hat gelacht auch über sich,
im Parsifal ganz sicherlich,
badete gern im Applaus,
spielte den Gott im Festspielhaus.

Vogelgesicht und langes Haar,
die Zeit seine Karikatur gebar,
was anfänglich so sehr geschmäht,
nun zur Modewelt gerät.
Eine Wohltat der Orchestergraben,
sonst wär' der Lärm nicht zu ertragen.

Die Götter haben ausgedämmert,
brutal ans Trommelfell gehämmert,
und jeder sehnte sich im Hause
nach einer kleinen Entspannungspause.
Wagner war der Alberich,
nahm durch den Ring die Kraft für sich,
ihm wider Willen Gehorsam schwören,
die Nibelungen zu betören.

Theater, Oper hält er bald
für eine Erzieh- und Bildungsanstalt.
Kostenlos für Volk und Nation,
das wäre Wagners größter Lohn.
Die Harmonie zwischen Kunst und Volk,
das hat ein Wagner so gewollt.

Anfangs galt Wagners Musik als Gift,
ein deutsches Hirn verträgt das nicht,
dann wurde das Gift lieb gewonnen
von höchsten Kreisen angenommen.
So kam es dann zum Wagner-Kult
moderne Verrücktheit war daran schuld.

Am Ende ward er hoch geehrt,
die Wagner-Festspiele sind begehrt.
Oft war er zornig, exaltiert,
von fremden Mächten manipuliert.
Ob er den Ruhm mit Bewusstheit genoss,
in Venedig er für immer seine Augen schloss.

Berühmt sind Dreiklang und der Lärm,
das will am Anfang keiner hör'n.
Der zarte Mann mit Vogelgesicht,
braucht wahrlich seine Spötter nicht,
sein Geltungsdrang war viel zu stark,
dass er in vielen Städten warb.
Am Anfang stand die Abneigung,
zu laut, zu lang fürs Publikum,
doch Deutschtum kam in Mode,
Groß-Deutschland war im Angebote.

Eine echte Wagner-Euphorie,
das Wagner-Fieber als Epidemie,
(so beschrieb auch Nietzsche sie),
der sich niemand entziehen kann:
Richard Wagner-Genie oder Scharlatan?
Wer weiß das schon?
Zumindest ist er ein Dämon.

Wagners Geistesblitze

Lassen wir Richard Wagner selbst zu Worte kommen, nachdem Friedrich Nietzsche den „Fall Wagner" zu den „am heftigsten diskutierten und umstrittensten Phänomenen der abendländischen Kulturgeschichte" zählte. Nicht nur Selbstzeugnisse des Bayreuther Meisters, auch Anekdoten, Karikaturen, Parodien und Polemiken wurden durch ihn in Szene gesetzt. Mehr oder weniger geistvoll, manchmal banal und blasiert, zeugen sie von der Anziehungskraft des Genies, dem man sich nicht entziehen kann, so ergänzt die Autorin Ulrike Kienle. Wagner selbst: „Die Musik war mir durchaus Dämonium, eine mystisch erhabene Ungeheuerlichkeit: alles Regelhafte schien sie mir durchaus zu entstellen (Wagner „Mein Leben"). Er registrierte bei der Aufführung seiner Musik: „Ich hörte keine Missfallensbezeugung, kein Zeichen, kein Tadel, selbst nicht eigentliches Lachen, sondern nahm nur die größte Verwunderung aller über einen so seltsamen Vorfall wahr, der jedem gleich wie mir wie ein unerhörter Traum vorzukommen schien. (Wagner: „Mein Leben").

Schwanen-Gesang

Wagner war durchaus ein humorvoller Mensch. Seine Frau Cosima äußerte sich in ihren Tagebuchaufzeichnungen: „… zu Mittag holt er mich ab und sagt, er habe ein Rätsel für die Kinder: Welches seien die Tiere, die immer Picknick machten? Die Hühner, sie pickten und nickten dazu." (Tagebucheintrag am 15.11.1878)

Von seiner Familie sagt er scherzend: „Ich habe eben so viel Zusammenhang mit ihr als mit meinem linken Hühnerauge". (Tagebucheintrag am 10.10.1875)

„Ja, ja, es war im Mai,
da war ich auch dabei.
Man zog mich bei den Ohren,
drum bin ich musikalisch geboren"

(R. Wagner: Gedichte 1871)

14. Sigmund Freud, der sexuelle Psycholüstling (1856–1939)

Aus dem Leben von Sigmund Freud

Mit 14 Jahren hat Sigmund sein erstes Liebesabenteuer mit Gisela, der Schwester seines Schulfreundes Emil Fluß. Es hält immerhin 2 Jahre. Diese neue Gefühlswelt fesselt den sehr ehrgeizigen, hochintelligenten und schon autokratischen Jungen. In diese rätselhafte Welt will er tiefer eindringen und deshalb reift in ihm der Wunsch, doch lieber Naturwissenschaften, vielleicht sogar Medizin zu studieren als die vom Vater gewünschte Juristerei. Da Juden ab 1870 in Österreich keine Laufbahn mehr versagt ist, hält er an seinen Vorstellungen fest und schreibt sich an der berühmten Wiener Universität ein.

Die Psychologie, die Lehre von der Seele und die Psychiatrie als die der seelischen Fehlfunktionen, befinden sich in dieser Zeit noch im Prozess der Entwicklung. Der Seele als dem Sitz des Gefühls, der Wahrnehmung und des Denkens, ordnet man keine pathologischen Prozesse zu, während die Psychiatrie organisch fassbare Störungen d. h. Krankheiten beinhalte, die mit biologischen Mitteln bekämpft werden müssen. Eine Einordnung und Auffassung, mit der Freud später aufräumt.

Sigmund ist immer Mutters „Goldjunge" und der Pascha in der Familie. Er besitzt trotz enger Wohnverhältnisse im Wiener Juden-Bezirk ein eigenes Zimmer und kann sich besser auf seine Schule, das Leopoldt-Stadt-Gymnasium, konzentrieren als die 5 Geschwister. Er ist stets Klassenbester und läßt schon eine außergewöhnliche Karriere erahnen.

Das setzt sich im Studium fort. Allerdings bekommt er an der Alma Mater den deutschnationalen Antisemitismus seiner Mit-Studenten deutlich zu spüren, was es von Seiten der Professoren nicht gibt.

Freud, der religiöse Bindung ablehnt, seine jüdische Herkunft nicht verschweigt, aber durch sein temperamentvolles Selbstbewusstsein keine Angst aufkommen läßt, widmet sich mit Hingabe während des Medizinstudiums auch den philosophischen Werken Ludwig Feuerbachs und den archäologischen Ausgrabungen Schliemanns. Er besucht mit Eifer die ausgezeichneten Vorlesungen von Professor Franz Brentano, der als ehemaliger Priester über Philosophie und Psychologie liest und sie mit naturwissenschaftlichen Methoden zu erforschen versucht. Freuds Klugheit und Kritik führt zu Gesprächen mit dem Professor, wo er jedoch erkennt, wie wichtig weitere Grundlagenstudien sind, in die er sich in der Folgezeit stürzt wie die Zoologie, Chemie, Anatomie, vor allem die Physiologie, die mit der Autorität von Ernst von Brücke zu Freuds großem Vorbild wird und seine späteren Arbeiten der Psychoanalyse maßgeblich bestimmen.

Er untersucht Nervenzellen niederer Tiere und kann nach Darwins Evolutionstheorie sogar die Kontinuität der niederen zu den höheren Nervensystemen nachweisen. Er fühlt sich hier wohl, will aber dringend sein Medizinstudium fortsetzen, das auch noch durch ein Jahr Militärzeit unterbrochen wird. Nach 8 Jahren Studium schließt er es mit dem Doktor der gesamten Heilkunde ab. Zu dieser Zeit wohnt er noch bei seinen Eltern. Allerdings zieht es ihn mehr zu seinen Büchern hin als zur Familie, bis er Martha kennen lernt, eine Kaufmannstochter und attraktive Freundin seiner Schwester, in die er sich Hals über Kopf verliebt und mit der er sich verlobt. Über dreieinhalb Jahre dauert die Liebesbeziehung und beinhaltet, weil getrennt, über 900 Briefe zwischen Hamburg und Wien. Eifersüchtige Wut, mit Besitzansprüchen an Martha gepaart, ohne sexuelles Ventil, zermürben den jungen Doktor mit 27 Jahren.

Freud verläßt das Labor Brückes und will als praktizierender Arzt eine Lebensgrundlage für eine Ehe aufbauen. Aufgrund einer unglücklichen Erfahrung im Experiment mit Kokain, läßt er von der therapeutischen Anwendung ab. Jetzt will er an der Universität weiter forschen, absolviert einen Studienaufenthalt an der Nervenklinik in Paris bei Professor Charkot, der sich mit Hysterie und Hypnose beschäftigt, was ihn fesselt. Geisteskrankheiten werden noch nicht unterschieden und stellen ein medizinisches Neuland dar. Freud will die Neurosen erforschen und eröffnet 1886 seine nervenärztliche Praxis in der Rathausgasse Nr. 7 in Wien. Noch im Herbst heiratet der Atheist seine langjährige Braut Martha, die mit nach Wien zieht und auf einer jüdischen Hochzeit besteht.

In der Neurose gefangen

Sigmund Freuds Psychoanalyse

Freud, der Psychoanalytiker,
schlug alle seine Kritiker
mit handfesten Argumenten,
die letztlich Beifall spenden.
Er hat an Liebe, Sex gedacht,
hat er aber auch gelacht?

Schon als Kind war er enthemmt,
wenn die Lust den Menschen drängt.
6 jährig ist er leidend schon
an „Ludeln / Lutschen" und der Erektion,
begründet später und beteuert,
alles Menschliche ist triebgesteuert.

Alle Lust ist Wiederfindung,
Ausgang ist die Mutter-Bindung.
Saugen an der Frauenbrust
steigert sexuelle Lust,
mit „Wonnesaugen" bis zum Kuss,
Befriedigung erst im Orgasmus.

Er erklärt die perverseste Phantasie
in der Kindheit mit Penisneid und Onanie.
Oft wühlt er täglich in menschlichem Schmutz,
sucht abends Entspannung und häuslichen Schutz
auf Couch und Bett mit seinem Hund,
das hält ihn fit und auch gesund.

Als 27 jähriger Assistent
stürzt er sich in ein Experiment:
Nahm das Zaubermittel Kokain,
war begeistert, es euphorisierte ihn.
Der „wilde Mann mit Kokain im Leib",
erkannte erst spät die Abhängigkeit.

Er begründet die Psychoanalyse,
stellt Psychiater auf eigene Füße,
zeigt Wege auf, die zur Seele führen,
in unendlichen Tiefen sich verlieren,
lässt erstmals menschliche Triebe gelten,
sowohl für Volk als auch für Helden.

Wenn jemand auf die Couch gelangt,
der höchst wahrscheinlich psychisch krank,
dann versinkt der große Meister,
sucht die unbekannten Geister
und erlöst ihn oder sie
von unerkannter Hysterie,
oder stellt die Diagnose
einer hysterischen Psychose.

Auf der Suche nach der Diagnose
definiert er Verdrängung als Neurose.
dazu der Witz, der Humor stimuliert
auf der britischen Insel installiert.
Doch auch er hatte Affinität,
das Wissenschaftliche besonders gepflegt.

Der Witz in Beziehung zum Unbewussten
hat er ergründet, doch Freunde mussten
die Witze ins Witzbuch eintragen,
obszöne, Casino-, Judenwitze erfragen.
Er selbst war begnadeter Witze-Erzähler,
ein „Unschärfetoleranz"-Auswähler.

Der Lachausbruch ist ein Äquivalent,
den er fehlenden Orgasmus nennt.
Unbewusstes, verhülltes Lachen
wird Analytiker nachdenklich machen.
Er entdeckt, dass Lachen triebartig wichtig,
Freude wird zur Witzarbeit verdichtet.

Freud war streng und in sich gekehrt,
hat Witz und Lachen seelisch erklärt,
sogar eine Schrift stammt aus seiner Feder,
die Entspannung der Seele braucht jeder.
Lachen, das konnte Freud doch schon,
oft nur in wissenschaftlicher Dimension.

Doch Lachen kostet Energie,
der Sparzwang führt zur Lachphysiologie,
es wird auch als seelische Erregung klarer,
als eine Art „Hemmungsaufwandsparer".
Der Witz bekommt eine ökonomische Prägung
und partizipiert von der komischen Segnung.

Humor kann auch erhebend sein,
es stimmen Kant und Schiller ein,
er schmettert die Verzweiflung ab,
obwohl er eine Würde hat.
Da schweigt der Freud, gleicht einem Grab
wie ein „galgenhumoristischer Kandidat".

Freud sieht sich oft als Humorist,
hofft auf den Segen des Über-Ich,
das beiträgt zur Humanisierung der Welt
und das totbestimmte Leben erhellt.
Der späte Freud war aber auch bereit,
für altersironische Heiterkeit.

Zuvor aber stand die Sehnsucht nach Reisen,
er wollte Städte, Länder, Meere preisen,
Tempelruinen, Akropolis, Römerfunde,
Briefe aus Venedig, Amerika machten die Runde.
Er genoss nordische Wälder und südliche Region,
fand Zusammenhänge von Hysterie und Perversion.

Er suchte nach Dichter-Helden,
lässt Unverletzlichkeiten gelten,
erklärt Mystik vieler Bräuche,
Symbole von Köpfen, Genitalien, der Bäuche.
Seine Logik sollte Vorbild sein,
Menschen müssen sterben, das leuchtet keinem ein.

Von den Nazis aus Wien vertrieben,
bis zum Tode in London geblieben,
die letzten Jahre viele Schmerzen empfunden,
der Krebs ließ seinen Körper nicht mehr gesunden.
Erst als er hilflos, körperlich schwach,
war das Leben nur Qual, der Geist gab nach.

Im Kreis seiner Lieben, im Exil,
wollte er sterben, das war sein Ziel.
Morphium hat ruhigen Schlaf ihm verschafft,
aus dem Koma ist er nicht mehr erwacht.

Ein großer Mensch mit bewegtem Leben,
hat der Psychoanalyse alles gegeben.

Freuds Geistesblitze und Leidenschaften

Einige Passagen aus seinen Briefen und seinen Vorlesungen spiegeln seine 3 großen Leidenschaften wider: die Psychoanalyse, die Archäologie und das Reisen.

So scherzte er mit einem Kirchenlied und bezog es auf seine Person: „Geh aus, mein Herz und suche Freud". Er beschrieb das Lachen als die „Stimmung unserer Kindheit" und sagte: „Lachen gehört im hohen Grade zu den ansteckenden Äußerungen". „Witz, Komik und Humor" sind ihm wichtige Methoden, um Lust zu gewinnen, sie machen im Leben glücklich.

Er formuliert sogar in seiner Theorie über den Witz außer einem lustvollen Aspekt auch eine Witz-Ökonomie, weil „der Witz treibt sich durch Sparen im Unbewussten herum". Hemmungs- und Unterdrückungsaufwand wird gespart und die frei werdende Energie wird für die Denkarbeit eingesetzt. Er praktiziert, was er theoretisch vorgibt: „Ein Einbruch ist geschehen. Ein Mann wird als Täter verurteilt, weil sich in dessen Besitz ein Dietrich befand. Nach der Urteilsverkündung befragt, ob er etwas zu bemerken hat, verlangt er auch wegen Ehebruchs bestraft zu werden, denn das Werkzeug dazu habe er auch bei sich".

Dazu brach er mit Tabus, d. h. mit Themen, die bis dahin nicht gesellschaftsfähig waren. Das begann mit Traumdeutungen von intimen Details ging über sexuelle Themen der Onanie und des Orgasmus', die er offen ansprach. Seine Analysen und Deutungen seiner Patienten auf der berühmten Couch, die er in Vorträgen und Vorlesungen als Professor an der Universität vortrug, wurden scharf kritisiert und diskutiert. Er selbst bekannte: „Ich habe schon mit 6 Jahren an Erektionen gelitten". „Bei normaler Vita sexualis (Sexualleben) ist eine Neurose unmöglich".

„Ein Stückchen weit, bald hier, bald dort, überschreitet jeder von uns die fürs Normale gezogenen engen Grenzen zu seinem eigenen Sexualleben".

„Der Charakter des Drängenden ist eine allgemeine Eigenschaft der Triebe, ja, das Wesen derselben".

Eine Äußerung des Ehemanns zu seiner Frau, die Humor verrät: „Wenn einer von uns beiden stirbt, übersiedele ich nach Paris". Im Scherz darf man bekanntlich die Wahrheit sagen.

Den positiven Aspekt des Humors fasste er zusammen: „Witz ist die Technik des Unbewussten zur Einsparung von Konflikten und zum Lustgewinn".

Im Lebensboot Tzitzimitl

LITERATURHINWEISE:

Für die Illustrationen wurden benutzt:

„Malblock für Erwachsene" von Avec B.V.
5038 CV Tilburg, TEDI, the Netherlands

Zencolor Meditation, 100 Tangles zum Ausmalen & Loslassen von Martina Faßdorf, 2015 frechverlag GmbH, Turbinenstraße 7, 70499 Suttgart

„Fantastische Fabelwesen", Das Night & Day Malbuch von Patricia Moffett
Ullmann Medien GmbH, Potsdam 2016

„Inspiration Happy World",
Edition Michael Fischer GmbH, Igling 2015.

„Achtsamkeit" Malbuch für Erwachsene von Christina Rose
Ullmann Medien GmbH, Birkenstraße 10, 14 469 Potsdam

Reclam, Universal – Bibliothek der Philipp Reclam jun. GmbH & Co, KG,
Stuttgart 2006,2012.

Weitere Literatur beim Verfasser.